地势坤，君子以厚德载物。

知道点
世界哲学

汪淼——著

中国友谊出版公司

图书在版编目（CIP）数据

知道点世界哲学 / 汪淼著. -- 北京 : 中国友谊出版公司，2021.6

ISBN 978-7-5057-5241-2

Ⅰ.①知… Ⅱ.①汪… Ⅲ.①哲学－世界－通俗读物 Ⅳ.①B1-49

中国版本图书馆CIP数据核字（2021）第106047号

书名	**知道点世界哲学**
作者	汪　淼
出版	中国友谊出版公司
发行	中国友谊出版公司
经销	新华书店
印刷	北京盛通印刷股份有限公司
规格	880×1230毫米　32开
	10印张　223千字
版次	2021年8月第1版
印次	2021年8月第1次印刷
书号	ISBN 978-7-5057-5241-2
定价	45.00元
地址	北京市朝阳区西坝河南里17号楼
邮编	100028
电话	（010）64678009

如发现图书质量问题，可联系调换。质量投诉电话：010-82069336

序

余秋雨

这套"知道点"丛书，邀我写序。我对丛书的名称有点好奇，一问，明白了他们的意思，就决定写了。

原来，这套丛书里每一本的标题，都以"知道点"开头，如《知道点中国历史》《知道点中国文化》《知道点世界文化》……落脚点都显得宏大，而着眼点却很谦虚，显出青年作者的俏皮。中外文化是万仞群峰，我们不应该畏其高峻而仓皇躲开，更不应该看了两眼就自以为已经了如指掌。我们所能做的是，恭敬地在山脚下仰视，勤快地在山道口打听，简单说来，也就是：知道点。

首先，不知道是可惜的。区区五尺之躯，不以文化群峰作为背景，只是一种无觉无明、平庸卑琐的生理存在。人凭文化与外界进行不同层次的沟通，并通过文化证明自己是谁，对此，即使文化程度不高的人也有一种荣辱感。记得有一次中央电视台举办全国直播的青年艺术人才大奖赛，比赛中有一项文史知识测试。结果出乎意料，几亿观众对这一部分的关注远远超过比赛的主体项目，全国各省观众对于自己省派出的选手在艺术技能上的落败并不在乎，却无法容忍他们居然答不出那些文史知识的试题。由此可知，直到今天，很多人还是习惯于在文化上寻求自身尊严和群体尊严的，这很不错。

但是，紧接下来的问题是，又必须提防人们对于文史知识的沉溺。沉溺，看似深入，实则是一种以文化名义制造的灭顶之灾。中国从明清之后一直有一批名人以引诱别人沉溺来谋生，很不道德。因此，必须在文化的群峰间标画一些简明的线路，在历史的大海中铺设一些浮标的缆索，使人们既领略山水之胜又不至于沉溺。这种做法用一种通俗用语来表述，就是不必知道得太多、太杂、太碎、太滥，只需"知道点"。

"知道点"，不是降低标准，而是提高标准。这就像线路的设定者一定比一般的逛山者更懂得山，缆索铺设者也一定比一般的游水者更熟识海。不仅更懂、更熟识，而且也更有人道精神，更有文化责任。

正是在这个意义上，我觉得这套"知道点"丛书是一项有价值的事业。新世纪的公民不可能全然舍弃人类以前创造的文化历史背景，却又不能让以前的创造来阻断今天的创造，因此应该有更多的山路划定者和缆索铺设者。只有这样，壮丽的历史文化才能真正成为新世纪的财产。

目录

第三辑　思想的盛宴——雅典

第四辑　来自美索不达米亚的基督

第五辑　耶稣的千年

第八辑　200年的现代舞台

第十辑　天竺之国的哲学传统

第十一辑　思想者的天地——俄罗斯

第一辑

爱智之学——哲学

"哲学"是个舶来品

从历史学家们还原的"曾经"中，我们可以窥见，这个世界上曾存在过多种文明形态。而在每一种文明的发展历程中，当人们面对浩渺无垠的宇宙、风云变幻的自然、不可预测的命运时，都会产生各种各样的疑问。人们总在期待，或许有一天能得到答案，能让自己弄清楚，这个世界究竟是怎样的存在，也弄清楚，人究竟为什么而活，又当怎样去活。当人们开始思考这一切的时候，哲学的思想也就诞生了。换言之，哲学来自于对生活的思考。

当然，迫于生存压力，并非所有人都会思考这一切。所以，这个世界上，注定只会有一部分人，专门去钻研这些问题。他们将自己的思想加以整理、总结，然后系统地进行表述，这些人最后便成了"哲学家"。当他们将"哲学的思想"系统化、哲学化，并完整地表述出来时，这些思想便成了"哲学"。

"哲学"这一概念，中国古代是不存在的，中国古代的思想家们也从不曾被称作"哲学家"。事实上，这个词语最初用来表示我们所理解的"哲学"概念，是从19世纪一位名叫西周的日本哲学家开始的。后来，又由中国晚清时期的学者黄遵宪（1848年—1905年）将这一表述引入中国。渐渐地，这一词语被中国学术界所接受，用以表述古今中外的哲学学说。

"哲学"是个完全的"舶来品"，它的英文单词是"philosophy"，这一英文单词来自于拉丁词"philosophia"，这一拉丁词又是从希腊词演变而来的。所以，"哲学"这个概念其实可以追溯到西方文明的源头。

那么，西方人最初使用"哲学"这一概念时，究竟是想表达什么样的含义呢？

"哲学"对于古希腊人来说，意味着"爱智慧"。而在整个西方哲学传统中，"哲学"意味着追求真理、叩问世界、把握历史、理解生活、感悟神灵、分析知识、怀疑一切。

若这便是"哲学"的意义，那么即便它源自于西方，也并不意味着这是西方独有的东西。因为无论在世界的哪一个角落，无论是哪一个民族，都存在着一些人在进行着同样的思考。可以说，虽然"哲学"这个词语是个舶来品，但我们的文明，从来不曾缺少过"哲学的思想"，作为一门学问的"哲学"，实际上早已存在于中华文明的历史上。

在汉语中，"哲"的意思是"智慧"。我国古代的字典《尔雅》中就如此解释道："哲，智也。"在中国古代，"哲学"这门学问曾有过许多称呼，如"道""道术""玄学""道学""理学"等，虽然名称不同，但从本质上来说，它们都是贤哲之人对宇宙、对人生、对命运的思考的结晶。

其他文明同样如此。比如在古印度，"见"或"察"实际上也是哲学，前者梵文的拉丁化单词为"dharm"，有"见解""思想""观点"等含义；后者梵文的拉丁化单词为"anviksiki"，有"探究的学问"这一含义，后来这个称谓被专门用来指"逻辑"。

哲学是一门关于生活、思考、智慧的学问，具有一定的哲学知识，能够帮助我们更好地理解和处理自己与世界的关系。从哲学中，我们可以知道：世界的本质是什么样的，人在世上究竟处于怎样的位置，我们该如何与世界打交道，我们又该如何完善自己，改变生活和命运。

哲学不能当饭吃

"哲学不能当饭吃"——这是许多对哲学并不了解的人都曾说过的话。

在人们的印象中，哲学家似乎就是一群狂妄的疯子，他们总是对生活的各个方面和各个领域的知识评头论足。而书本上是这样来定义哲学的："哲学是对自然界、社会和人类思维及其发展的一般规律进行思考的学问。"

下面这个故事，很多人或许都曾听过：

一位哲学家搭乘一条渔船过河。行船之际，哲学家问撑船的渔夫："你懂数学吗？"

渔夫回答："不懂。"

哲学家又问："那你懂物理吗？"

渔夫又答："不懂。"

哲学家接着问："那化学呢？"

渔夫还是答："不懂。"

哲学家怜悯地看着渔夫叹气道："那真是太遗憾了！你相当于失去了一半的生命啊！"

就在这时，忽然一阵狂风刮来，掀翻了渔船，哲学家和渔夫都掉到了河里。渔夫大声地问哲学家："嘿，你懂游泳吗？"

哲学家一边扑腾一边回答："不懂!"

渔夫遗憾地说道："那真是太不幸了! 你恐怕将要失去整个的生命了!"

这个故事就是人们对哲学家的讽刺。在他们看来，哲学家们虽然一个比一个会说，但他们所说的话好像都没什么实质性的用途。他们的道理不能帮助庄稼长得更好，也不能让气候变得更宜人，当然，也不能在危难时拯救自己的性命。总而言之一句话：哲学不能当饭吃!

诚然，哲学确实不能当饭吃，不能让饥饿的人填饱肚子。但正如亚里士多德曾说的：像哲学这样的思考，是必须在吃饱了以后进行的事情。

我们需要哲学，是因为我们除了需要吃饱饭，还需要精神上的慰藉。我们不仅是"活着"，而且是"愿意活着"，更想要"好好地活着"。因此，我们会去思考、去追问生活的方式，以及生命的意义。

就像下面这个故事中的男孩一样：

男孩生长在孤儿院，不知道父母是谁，不知道自己从何而来。他总是悲观地问院长："像我这样没人在乎的孩子，活着究竟有什么意义呢?"

院长从未给过男孩答案。直到有一天，院长突然给了男孩一块石头，并叮嘱他说："你明天早上带着这块石头去市集卖，但不管别人出多高的价格，你都不能将石头卖出去。"

男孩不明所以，但他还是乖巧地听从了院长的吩咐，第二天一大早就带着石头去了市集。他蹲在一个不起眼的角落，一开始还无人问津，后来渐渐有人来向他询问石头的价格，想要买下那块石头，价格还越喊越高。

回到孤儿院后，男孩兴奋地把情况告诉了院长，院长笑了笑，让男孩再拿着石头去黄金市场卖，但依然还是不能真的将石头卖出。

第二天，男孩又带着石头去了黄金市场，这一回，大家给出的价格更高了。

之后，院长又让男孩带着石头去宝石市场，果不其然，石头的价格又上涨了好几倍。更令人惊讶的是，由于男孩不管多高的价格都不肯卖出石头，那石头竟被传成了"稀世珍宝"。

男孩又惊又喜地捧着石头回到孤儿院，将这一切告诉了院长。院长对他说道："生命的价值其实就像这块石头一样，在不同的环境中便会产生出不同的意义。一块平凡又普通的石头，会因为你的珍视而拥有'稀世珍宝'的价值。你不也是如此吗？只要你看重自己，珍惜自己，那么你的生命就是有价值、有意义的。"

故事中男孩的困惑实际上就是一种哲学的困惑。哲学的困惑，正来自于我们对生活意义的发问与思考。而哲学的功能与作用，就是帮助我们发现生活的意义之所在，以及我们该如何去实现这种意义。这就是哲学存在的最大效用，它不能当饭吃，但能给予我们一种精神，让我们的生命不仅仅沉溺于物欲之中。

哲学不是实践，但它能指导实践。就如那条最基本的哲学命题——"实践是检验真理的唯一标准"——正是它的出现，让我们的祖国发生了翻天覆地的变化。所以，不要小看哲学带来的能量，它虽然不能当饭吃，但能让我们知道该如何吃饱饭。

哲学家们都在想什么

科学家们最常想的问题大概是"这个实验步骤要怎么解决";管理学家们最常想的问题大概是"这件事情应该怎么安排";社会学家们最常想的问题大概是"这种现象应该如何解释"。哲学家们同样也喜欢想问题,那么,他们到底都在想些什么呢?

英国有个非常著名的哲学家叫罗素,他曾说过这样一段话:"哲学,就我的理解而言,乃是某种介乎神学与科学之间的东西……在神学与科学之间,存在着一片受到双方攻击的无人之域——这便是哲学。思辨之心最感兴趣的一切问题,几乎都是科学无法回答的;而神学家们信心百倍的答案,也都不再如过去那般令人信服了。"

罗素所说的"科学",指的是我们一般理解的"自然科学"。通过科学,我们可以知道"自然界是怎样运动的",但也有一些问题,是科学无法带给我们答案的,比如:自然界为什么会这样运动?是什么让自然界运动起来的?自然界这样的运动有何意义?

在思维发散之前,先打住一下。要知道,在搞清楚"这个世界是什么样的"之前,我们得先解决另一个问题:"我们是否能够真正了解它?"也就是说,即便世界确实具有某种状态,那么我们究竟是否有能力去发现这种状态呢?在自然科学范畴里,这是前提。但若是在哲学范畴,那么对于人的认知能力,这就是一个很大的问题了。

除了"世界的本源"和"人的认知能力"等问题,我们的社会生活也是哲学家一直在思考的问题。他们希望能够找到生活的价值，从而确定人生的目标。比如：个人与社会之间的关系原本是什么样的？又该是什么样的？不同的生活方式究竟有没有高贵与低贱之分？还是无论怎样活着，都只是一种虚妄呢？假如有一种生活方式是高贵的，那么是不是所有人都能实现它？如果是，又该如何去实现它？

▲ 罗素的《哲学问题》

哲学其实就渗透在生活的每一个角落里。苹果落到牛顿脑袋上时，牛顿想到的是"苹果为什么会掉落到地上，而不是飞向天上"；而哲学家们知道这个故事后，想到的是"苹果掉到牛顿脑袋上，这是偶然的巧合，还是必然注定会发生的一件事"。

正如诗人蒲伯所感叹的：

　　自然和自然律隐藏在黑夜之中，

　　上帝说，"让牛顿去吧"，于是万物皆明。

当然，也有人说："这不过是一件偶然发生的事，何必搞得那么神秘、复杂呢？它也不过就发生了这么一次而已。"

那么，新的疑问再次产生了："如果一件事只发生一次，就只能算作偶然的话，那么我们的生命也只有一次，人活一辈子是不是也仅仅是'偶然'而已呢？如果人生不过是一次'偶然'，那我们又该如何度过？"

这就是哲学，它所针对的，始终是事情最根本的原因。哲学家的思考就是如此刨根问底，他们总希望能够得到一些根本性、一般性的知识，从而帮助人们更好地去了解世界、理解生活。考虑这些"大"问题，正是哲学家义不容辞的使命。

哲学的本质——思考

若宇宙是一只虚无而无限膨胀的瓶子，那么耽于幻想的文学家大概会给这瓶子贴上一张七彩的标签，以如诗般的语言来作说明语，将美的意义赋予这只瓶子；而寻求真理的科学家，可能会端出仪器，试图测量分析这只瓶子，搞清楚它究竟是怎样的存在；至于哲学家，想必会对着瓶子陷入沉思，思索这瓶子究竟为何而存在，如此存在又有怎样的意义，是否能成为更好的存在。

伟大的意大利学者维科曾说过："诗人可以说是人类的感官，而哲学家就是人类的理智。诗人凭凡俗的智慧来感觉，哲学家凭玄奥的智慧去理解。"

哲学是思考的艺术，它最独特之处，不仅在于所探讨的"大"问题，更在于它是用理性，而非信仰或幻想的方式去探讨这些问题。

当我们觉得一个人的说法"有些道理"时，通常有两方面的原因。一是这些话可以解释我们的生活和世界，并且还能言之有理；二是这些话不仅是站在个人的立场上，而且是以普遍的眼光去看待和理解，最终得出的结论。假如一个人所说的，仅仅是自己的主观体验，那么是不能称之为"道理"的，因为这只是他自己的理解，并不适用于所有人。

哲学家们必须要依靠理性，有条理地将种种感觉、感受以及体悟归纳出来，将世界和生活的意义、本原揭示出来。他们不仅要能

"讲"出东西，还要能"讲清楚""讲明白"，更重要的是，他们所讲的"道理"还要经得起别人的理性推敲、检验和质疑。

所以，哲学家不能一派胡言、自说自话，他得讲道理，得把话说得有条不紊、合乎理性，从而让别人信服他的道理。他不能说："这是上帝的安排，事情就是如此，就这样。"这是哲学家与宗教者最根本的区别。

第二辑

西方哲学的诞生

水是万物之源

哲学，既复杂，又简单。

西方的哲学是从一个看似十分简单的命题开始的——水是万物的本原。这一点，是经过著名哲学家黑格尔"认证"的。

提出这一命题的哲学家名叫泰勒斯，据说他是腓尼基名门望族的后裔，因家道中落而流落到了古希腊的米利都，后来，这个地方因泰勒斯创立的学派而名垂千古。关于泰勒斯的生卒年，历史上并没有明确记载，但通常认为，他所生活的时代比苏格拉底生活的时代还要早100多年。而他也是西方历史上第一个"名正言顺"的哲学家。

从古至今，人们对思想者总是持有很深的误解。比如关于泰勒斯就有一个十分有名的故事：据说有一次，泰勒斯在观察星象时，因为太过入迷而不慎掉进了水沟。一位老妇人听到他的求救声后，便嘲笑他说："泰勒斯啊泰勒斯，你竟还妄图知晓天空的事情，可就连你眼前的路，你都看不见啊！"

对于人们的嘲笑，泰勒斯也有自己的反击方式。据说有一次，有人嘲笑泰勒斯，说他研究的天文学毫无用处，根本不能发家致富。于是，为了向人们证明发家致富是一件多么容易的事情，泰勒斯根据天象，预测到来年橄榄会丰收，随后便租下所有的榨油坊，狠狠地赚了一笔。

相传泰勒斯一生都没有结婚。早年的时候，他的母亲曾催促他结婚，他说还太早了；后来他母亲再次催促他结婚时，他又说已经太迟了。古希腊"七贤"之一的梭伦是泰勒斯的好朋友。一次，他前往米利都探望泰勒斯时，询问他为什么不愿结婚生子。为了让梭伦明白自己的想法，泰勒斯让一个人假扮成来自雅典的客人，并告知梭伦，说他儿子已经死了。梭伦听到这个消息后悲痛欲绝，泰勒斯这才对梭伦说道："瞧，如你这般意志坚强的人也会因这样的消息而委顿不已，这就是我不愿娶妻生子的缘故啊。你也无须伤心，因为这个消息是假的。"

许多年后，年迈体衰的泰勒斯在顶着酷暑观看一场体育比赛时死了，他墓碑上的墓志铭写的是："伟大的泰勒斯躺在这座狭窄的坟墓中，但他的智慧之名与天齐高。"

泰勒斯和梭伦一样，被誉为古希腊"七贤"之一，他热衷于研究哲学与自然，在天文学方面也有着不小的成就。他是第一个预言了日食的人，是小熊星座的发现者，冬至和夏至也都是他确立的，另外，他是首个确立每月30天和每年365天的希腊人。几何学方面，泰勒斯的成就同样不容小觑，他是第一个在圆周里画出直角三角形的人；而且，他还因观察到某一时刻人的影子与身高等长的现象，利用金字塔投下的影子，成功测量出了其高度。

泰勒斯一生都没有留下什么著作。他最著名的学说就是：水是万物的本原。在那个时代，人们普遍认为，世界的本原是神灵或某种超自然的力量；唯有泰勒斯，用了物质性的"水"来作为世界的本原。泰勒斯所提出的这一命题主要有三层意思。

第一，水是构成世界的基本元素。

第二，世界万物是普遍联系的，最终都统一于"水"。

第三,万物源于水,最终复归于水,万物皆为水的变化形态,唯有水自身才是永恒长存的本体。

泰勒斯为什么会提出这样一个命题呢?有人说,这或许是因为他一直生活在海边,所以能够更真切地感受到水的巨大威力;有人说,这或许是因为他发现,万物都是以湿的东西来作为养料的;也有人说,这或许是受到了古代神话的影响,在某些神话传说中,海神夫妇就是创世的父母。

以今天的眼光来看,这个命题其实是非常粗糙的。但在当时,以物质性的东西来解释物质世界的本原,以流动性的东西来说明世界的变化,这是人类摆脱神话宗教宇宙观束缚的标志,是人类思想史上首次提出朴素的唯物主义宇宙观,也是人类思想的伟大飞跃。

人不能两次踏进同一条河流

泰勒斯（约公元前624年—约公元前547年）之后，另一位伟大的哲学家赫拉克利特（约公元前540年—约公元前480年与前470年之间）在古希腊伊奥尼亚地区的另一座城市爱菲斯城诞生了。

爱菲斯城的祭司是世袭的，相传赫拉克利特便是祭司的后裔，但他主动将继位权让给了他的兄弟。虽然赫拉克利特并不贪恋权势，但贵族出身的他自视甚高，他曾说过："一个足够优秀的人，抵得上一万人。"他也敢于质疑一切传统权威，哪怕是大名鼎鼎的诗人荷马和赫西俄德，也都入不了他的眼。他曾傲慢地宣称："就该将荷马赶出赛会，然后抽他一顿鞭子！"

赫拉克利特后来隐居去了阿耳忒弥斯神庙，在那里，他常常和孩子们玩游戏。见人们好奇地围观，他便气愤地说道："有什么可奇怪的？浑蛋！比起你们所谓的公民生活，这可要好得多！"

后来，他越来越厌恶他的同胞们，甚至远离人群，到山间过起了流浪生活，每天吃草根和树皮。直到60岁那年，他患上了水肿病，才不得不返城求医。

在求医时，这位有"晦涩哲人"之称的哲学家还和医生玩了个哑谜，他询问医生，是否知道如何在大雨之后将大地变干。医生根本搞不懂他的意思，这让赫拉克利特非常失望，甚至因此放弃了正规的医疗手段，决定采用一些偏方来给自己治病。

▲ 阿耳忒弥斯神庙遗址

　　他先是将自己暴晒于烈日之下，但没有什么效果。后来，他又将自己埋入了牛粪之中，试图利用牛粪来排除自己体内的湿气，结果，他第二天就去世了。也有传闻说他是在将自己埋入牛粪之后被野狗咬死的。

　　赫拉克利特认为，火是世界的本原，这和泰勒斯的观点截然不同。在他看来，世界是"在一定分寸上燃烧又在一定分寸上熄灭的一团活火"。一切都产生于火，最终都复归于火。

　　他说道："万物皆能换成火，火又能换成万物。这就好比货物可以换成黄金，而黄金又能换成货物一般。"在这种不断变换的过程中，火经过收缩变成湿气，湿气又经浓缩变成水，水凝结之后就成了土。赫拉克利特将这个过程称之为"下行之路"。这一过程是可逆的，土液化成水，水稀化成火，这即为"上行之路"。

　　赫拉克利特认为，世界是按照一定的规律永恒运动的，因此他提出了"一切皆流，无物常住"的观点。他宣称"每天的太阳都是新的""我们存在却又不存在""人不能两次踏入同一条河流"，因为下一次踏入这条河流的时候，水已经和上一次踏入时的不一样了。

赫拉克利特是爱菲斯学派的创立者，他的学说充满了浓厚的辩证法思想，他也因此被称为是古希腊辩证法思想的创始人。尽管如今看来，他的辩证法过于朴素，还带着浓厚的循环论色彩，但在那个时代，能够提出这样的观点是极为可贵的。辩证法大师黑格尔就曾说道："没有一个赫拉克利特的命题，不曾纳入我的逻辑学。"列宁也曾表示："将他（赫拉克利特）作为辩证法的奠基人之一，是十分有益的。"

赫拉克利特曾著《论自然》一书，全书分为三部分，即"论万物""论政治"和"论神灵"。据说在写这部书时，他故意将内容写得十分晦涩，只有行家才能看得懂。后来，他还将书藏到了阿耳忒弥斯神庙里。也正是这部著作，让他举世闻名。但可惜，这部伟大的作品如今只保留下来130多段残篇，其他的都已经失传了。

数学之父——毕达哥拉斯

毕达哥拉斯被誉为"数学之父"，是古希腊著名的数学家、哲学家。公元前580年与前570年之间，他出生于米利都附近的萨摩斯岛，早年留学埃及，后在巴比伦居住长达12年之久，之后移居到了意大利的克罗顿。

毕达哥拉斯对"数"极为推崇，他认为，宇宙的本原不是水，也不是火，而是数。在他看来，世上的一切背后都饱含着数，都能够用数来度量。1产生2，1和2又产生各种数目，数产生点，点产生线，线产生平面，平面产生立体，立体产生可感物体，即火、水、土、气四种元素，然后这些元素又以各种方式进行相互转化，从而诞生出有生命、智性和球形的宇宙——这就是宇宙从数中演化出来的过程。一切都是变化的，唯有数是永恒的。

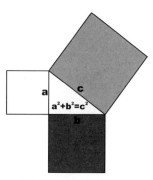

$a^2+b^2=c^2$

▲ 毕达哥拉斯定理（勾股定理）

毕达哥拉斯在天文学方面取得过很多成就，比如首创了"地圆说"和"地心说"，发现启明星与长庚星是同一颗星，指出月球的光是源自太阳等。而且他还是音乐理论的鼻祖，单弦的调、乐音和弦长的关系就是他阐明的。

当然，毕达哥拉斯最大的成就还是在数学领域，而他本人也是更多地以数学家的身份闻名于世的。他是西方最早证明并提出勾股定理的数学家，故而勾股定理又被称为"毕达哥拉斯定理"；他证明了三角形三个内角的和等于两个直角之和，指出内接半圆的角是直角，并发现了平面铺砌的几种正多边形以及五种正多面体；而且，他还将自然数分成了奇数、偶数、素数、合数、完全数、亲和数、三角数、五角数、平方数等多种类型；无理数也是他发现的。

数学家出身的毕达哥拉斯是个极其自律的人，他反对任何形式的过度，无论是吃食、饮酒还是性爱。他主张美德即和谐，认为万物都是按照协调的法则构成的，包括健康以及其他所有的善，甚至是神明。

毕达哥拉斯曾在意大利创立了一个兼具学术性和宗教性的学派，该学派实行财产公有制，门徒们对毕达哥拉斯十分推崇，认为他是遥远北方下来的阿波罗。据说加入该学派的门徒，只有通过五年之后的一个考试，才有资格面见毕达哥拉斯本人。

此外，毕达哥拉斯学派还有许多的清规戒律，比如不许吃白色的公鸡，不许吃动物的内脏，不许吃豆子，不许用刀搅弄火苗，不许横跨秤杆，不许撕碎面包，不许捡食掉在地上的面包屑，不许朝太阳小便，不许养脚爪有钩的鸟，不许在指环上面雕刻神像等。

有意思的是，传说毕达哥拉斯本人就死于他所制定的清规戒律。大约公元前500年的时候，毕达哥拉斯因得罪了一个富豪，被对方派人纵火烧了房子。好不容易在门徒们的掩护下逃脱火海后，毕达哥拉斯和门徒们被追赶到了一片豆田边上。为了严守戒律，毕达哥斯拉宁死也不肯践踏豆田，最后被人割断了喉咙，不幸离世。

在毕达哥拉斯死后，他所创建的这一学派还继续存在了九或十代人之久，而他的学说对西方的自然科学和哲学发展也有着极为深远的影响。

存在者存在

　　意大利南部的爱利亚学派与米利都学派基本同期，其创始人为克塞诺芬尼，但其最重要的奠基者是克塞诺芬尼的学生巴门尼德。

　　巴门尼德出身于当地一个颇有名望的家族，曾在第69届奥林匹亚赛会期间（公元前504—公元前500年）积极参与城邦政治，为城邦的法制改革做出了非常大的贡献，故而受到当地人民的高度尊敬。而且，巴门尼德非常博学，仪表非凡，品德高尚，所以在当时，许多人都将"一种巴门尼德式的生活"作为道德生活的代表。

▲ 克塞诺芬尼雕像

巴门尼德是第一个提出关于存在以及真理与意见的学说的思想家。

关于存在，当时的一种哲学主张认为：存在者不存在，非存在者必然存在。对此，巴门尼德却并不认同，他认为，既然不存在，那么就没办法认识，也就说不出来，故而这纯粹就是种无稽之谈。

还有一种观点是赫拉克利特提出的，他认为："存在者与非存在者既同一又不同一，一切事物都存在正反两个方向。"巴门尼德评价这一观点是"两头彷徨的""无判断力的群氓的见解"。

对于"存在"，巴门尼德自己的主张是："存在者存在，不可能不存在，而非存在者则不可能存在。"

那么，巴门尼德所说的"存在者"有哪些特征呢？

第一，他认为，存在者是不生不灭的。因为它若是被产生出来的，那么它要么从存在者而产生，这就等于还是没有产生；要么从非存在者而产生，但无中并不能生有。

第二，存在者是不可分割的。因为如果它可以分割，那么必定就存在空隙，而空隙要么是存在者，要么是非存在者，前者相当于还是不可分，而后者则相当于不存在。

第三，既然存在者不可分，那么就说明它是唯一的，并不存在任何异于自己的东西。

综上所述，存在者在时间上不生不灭，在空间上不可分割，故而可以说，它是无边无际、无始无终的存在，既没有性质的变化，也不会有位置的移动。巴门尼德认为，整个世界就是存在者，因为从本质上来说，世界就是一个永恒的、唯一的、不变化也不运动的存在。也就是说，人们感觉到在变化的万事万物，实际上都只是幻象而已，并非真实存在。

在巴门尼德看来，认识存在者有两种方法：一是"以茫然的眼睛、轰鸣的耳朵或舌头为准绳"的感觉；二是通过理智认识到世界是一个不变化也不运动的统一体这一真理。这也就是为什么巴门尼德会得出"思维与存在是同一的"这一命题。

巴门尼德否定了运动，也否定了矛盾的对立统一，总体而言，他的思想是形而上学的。但他同时也在更高层次上提出了存在与非存在、动与静、一与多、思维与存在、感性与理性以及运动的连续性与中断性等关系的重要哲学问题。这一深度思考对后来的哲学发展有着十分重大的影响，使哲学从侧重于研究世界本原与派生物之间的关系，转而开始侧重于研究世界本质与现象之间的关系，从而促进了人类思维高度的提升。故而，黑格尔称他是"哲学史的真正开端"。

第三辑

思想的盛宴——雅典

人是万物的尺度

　　公元前481年，普罗塔哥拉出生在德谟克利特的家乡阿布德拉，他是与德谟克利特、阿那克萨哥拉和苏格拉底同时代的又一名伟大哲学家，同时还是伯利克里的至交好友。

　　伯利克里是公元前5世纪中叶时期雅典的统治者，那时候，雅典的民主政治极盛，几乎所有自由民都能参与城邦的政治和文化活动。当然，要参加这些活动，必须具备一定的政治素养和演讲辩论才能，所以那时候，涌现出了一批智者，专门教授人们修辞学、雄辩术和辩证法。普罗塔哥拉就是当时古希腊最著名的智者之一。

　　在从前，智者教授学生是没有收取学费一说的，而普罗塔哥拉开创了这一先河。有意思的是，普罗塔哥拉还曾就收取学费一事，与他的一名学生欧亚塞卢打过官司。

　　欧亚塞卢是普罗塔哥拉的一名学生，当时他们有过一个协定：欧亚塞卢先支付一半的学费给普罗塔哥拉，等学成之后，欧亚塞卢打赢了自己的第一场官司，再支付剩下的学费。当然，如果第一场官司没打赢，就说明普罗塔哥拉的教学效果不尽如人意，那么剩下的这一半学费自然也就不用交了。但问题是，学成毕业之后，欧亚塞卢根本不去出庭打官司，也不支付剩下的学费。普罗塔哥拉很生气，直接向法庭提起诉讼，与欧亚塞卢对簿公堂。

　　在法庭上，普罗塔哥拉宣称："如果这场官司欧亚塞卢赢了，那么按照合同，他就必须支付另一半的学费；如果他输了，那么按照法庭的裁决，他也必须支付另一半的学费。换言之，无论这场官司结果如何，欧亚塞卢都得支付剩下的学费。"

而欧亚塞卢则辩论道："如果这场官司我打赢了，那么按照法庭的裁决，我是不需要支付另一半学费的；而如果这场官司我输了，那么按照我们的协定，我也是不需要支付另一半学费的。也就是说，不管结果如何，另一半学费我都不需要支付。"

▲ 伯利克里雕像

这就是哲学史上非常著名的"半费之讼"。

普罗塔哥拉的哲学思想深受赫拉克利特的影响，他最著名的哲学命题为："人是万物之尺度，是存在者存在之尺度，是非存在者不存在之尺度。"简单来说就是，普罗塔哥拉认为，感觉是一切知识的来源，也是事物形态的来源。比如对于同样的风，有的人觉得冷，有的人却觉得不冷。而我们对世界的认知是以自己的感觉为尺度和标准的。这与巴门尼德的哲学思想正好相反，带有一定的智者诡辩色彩。

但客观来说，普罗塔哥拉的这一哲学命题在当时是有一定积极意义的。那时候，奴隶主贵族们为巩固自己的地位，维护自身的既得利益，不断抬高"神"的地位，宣称传统的风俗习惯、道德以及法律都是由"神"所制定的，是不可更改的，妄图以此来阻止民主派的改革。而普罗塔哥拉的思想否定了这一点，认为风俗习惯、道德、法律等都是由人所制定的，甚至其合理性也都是以人的判断为尺度。故而，只要人们觉得某条律法不合理，那么就完全可以进行改革。

普罗塔哥拉70岁的时候，被他的政敌以"不敬神"的罪名告上了法庭，因为他曾在《论神》一书的开篇中写了这样一句话："关于诸神，我无法知道他们存在或不存在。"那时候，普罗塔哥拉的好友伯利克里已经下台，最终，这部著作被法庭当众烧毁了大半，普罗塔哥拉也被逐出雅典，并死在了前往西西里岛的途中。

普罗塔哥拉可以说是感觉主义的先驱和人文主义的始祖，他的哲学思想对后世产生了深远的影响。可惜，如今他的著作大多已经失传，仅存留三条残简。

▲ 普罗塔哥拉：人是万物的尺度

阿喀琉斯追不上乌龟

"阿喀琉斯永远追不上乌龟"——这是著名哲学家芝诺提出的观点。

芝诺是巴门尼德的高足，能言善辩，还长得一表人才，深受老师的喜爱，据说后来还成了巴门尼德的义子。他一生中最主要的哲学活动，都是在证明巴门尼德的观点，即"存在者不动"。

芝诺的论证是从反面进行的，即论证运动在时间和空间中的"不可能"，以此来证明"存在者不动"。简单来说，他的论证是这样的：阿喀琉斯（《荷马史诗》中最擅长跑步的英雄）如果要追上乌龟，就必须先到达乌龟的起跑点，但他到达乌龟起跑点的这段时间里，乌龟已经前进了一段路，于是他又必须花一定的时间从起跑点赶向乌龟所在的点，而当他赶到这个点时，乌龟又已经前进了一段路，到达新的点——这样下去，阿喀琉斯是永远也追不上

▲ 芝诺雕像

乌龟的。

这一论断如果放到现实中，显然并不成立，但这一论证又似乎有它的道理。故而，后来很多思想家都曾试图想要解决这个问题。

"阿喀琉斯追不上乌龟"是芝诺最著名的哲学论证，除此之外，他还提出过三个广为人知的论证，即"二分法""飞矢不动"和"一半的时间等于一倍的时间"。由于芝诺的论证大多十分奇特，常常让哲学家们摸不着头脑，故而亚里士多德又称他为"辩证法的创立者"。

此外，芝诺还是个品格高尚、极具政治良知的人，他蔑视权贵，反对僭主独裁。据说他还曾因参与推翻独裁专制的活动而被捕，当僭主胁迫他供出同谋时，他极具讽刺地宣称，所有僭主身边的人都是他的同谋，并高声说道："还有，我最重要的同谋正是你自己！"

还有传言说，他在接受僭主审讯时，佯称有秘密要告知僭主，当僭主附耳过来时，便狠狠地咬下了僭主耳朵上的一块肉，并高声对众人说道："你们这些胆小鬼！难道还要继续做奴隶吗？！"

对于芝诺的结局，一种说法是，他在被捕之后，便被僭主处以极刑，抛进石臼用杵捣死了；还有一种说法是，他并没有被处死，而是被起义的民众救了出来，僭主则死在了公民们的石头之下。

希腊圣哲——苏格拉底

要说古希腊最著名的哲学家，有一个名字想必大家都不会陌生，那就是——苏格拉底。

公元前469年，苏格拉底出生在距离雅典城不远的一个石匠兼雕刻匠家庭。他虽其貌不扬，但由于一直坚持锻炼，所以身体十分强健。

在物质方面，苏格拉底的需求一直保持在最低限度。在集市上见到琳琅满目的商品时，苏格拉底总是说："我并不需要这么多的东西！"当有朋友想要赠送他一块地来建所大房子时，他也总是以地方太大为由而幽默地拒绝。

但在学问方面，苏格拉底则从来都不知满足。他虽自幼跟随父亲学手艺，却一直十分喜爱阅读，熟读《荷马史诗》以及诸多其他著名诗人的作品，靠自学成为一名十分博学的人。在30多岁的时候，苏格拉底成为一名社会

▲苏格拉底雕像

道德教师，他不设馆也不收取报酬，只要有人向他请教学问，他都不吝赐教。

苏格拉底十分喜爱户外活动，常常在市场、运动场、街头等公众场合与各种各样的人辩论各种各样的问题，诸如友谊、艺术、战争、政治以及伦理道德等。他还当过重装步兵，并三次参战，在战场上救助了多名受伤的士兵。故而，苏格拉底在雅典的声望极高，40多岁时就进入了五百人会议。

苏格拉底是个意志力极强的人，据说他每次与人辩论时都非常激烈，因此常常被对手拳打脚踢。有趣的是，他从来都不还手。有人询问他原因，他便解释说："假如有驴踢了我，难道我就要遵循驴的法则（回踢一脚）吗？"

与苏格拉底同样出名的，是他的"悍妇"老婆。据说她常常辱骂苏格拉底，以至于身边的朋友都为苏格拉底惊人的忍耐力感到不可思议。对此，苏格拉底说道："我已经习惯了，就像习惯了鹅'嘎嘎'的叫声一样。"

朋友叹息道："鹅至少还能给你带来鹅蛋和小鹅呢！"

苏格拉底却笑言："那我的老婆还给我带来了孩子呢！"

对于婚姻，苏格拉底还有诸多金句，如："务必要结婚。若娶个好女人，你会收获快乐；若娶个坏女人，那么你会成为哲学家。""婚姻是一所学校：男人将在此失去学士学位，而女人则在此获得硕士学位。"在这里，学士还有"单身汉"的意思，而硕士则有"征服者"的意思，是一语双关。

苏格拉底是个十分公正的人。据说有一次，他的学生之一，"三十僭主"的头目克利提阿斯，下令让他带人去抓捕一个富人，想要霸占他的财产。结果苏格拉底断然拒绝，拂袖而去，甚至还公开谴责了克利提阿斯的暴行。克利提阿斯非常愤怒，直接警告苏格拉底说："你仔细些，别逼得我不得不再让羊群中的羊减少一只。"

克利提阿斯的警告并未吓倒苏格拉底，他依旧我行我素，据说他甚至还在自己当政的时候，直接宣布被克利提阿斯诬陷的十位将军无罪。在苏格拉底看来，服从法律是公正的基本要求，因此，哪怕他被冤判之后，宁肯选择赴死也不愿逃跑。

无论生前还是死后，苏格拉底都有一大批的崇拜者与追随者，其中最著名的两位当数柏拉图与色诺芬。虽然他这一生不曾留下任何著作，但他对西方哲学的影响是不容小觑的。在苏格拉底死后，他的门徒们形成了诸多不同的学派：除柏拉图之外，还有三个较为出名的"小苏格拉底学派"，即以诡辩著称的，由欧几里得创立的麦加拉学派；以快乐主义著称的，由阿里斯提波创立的昔勒尼学派；以禁欲主义著称的，由安提斯泰尼创立的犬儒学派。

苏格拉底之死

苏格拉底是历史上第一个因被非公正判处死刑而闻名于世的大哲学家。

在民主派推翻"三十僭主"的统治重掌政权之后，政治家阿尼图斯就伙同诗人美勒托和煽动家吕孔一同以"与克利提阿斯关系密切、反对民主政治、不敬神、以邪说毒害青年"等罪名控告了苏格拉底，导致他被捕入狱。

苏格拉底却不肯妥协，并将自己比作"神赐给国家的牛虻"，宣称是神让他来叮咬城邦这头"伟大高贵却动作迟缓的牲口"，以刺激它活跃起来，所以他决不会放弃自己的活动。苏格拉底的态度激怒了法庭，最终，法庭以280票对220票，裁决他有罪。

按照当时的规定，原告和被告都可以各自提出一种刑罚，由法庭进行裁定。当时，原告提出要处死苏格拉底，而苏格拉底本人则认为，自己应该"住在公家的房子里，被公家供养"，或者交一些罚款。苏格拉底的顽固态度彻底激怒了法庭，导致他最终被判处死刑。

在最后的辩词中，苏格拉底这样说道："雅典的公民们啊，分手的时刻已经到来，我去死，你们去活，至于谁的路会更好，那只有神才知道了！"

据说在苏格拉底被关押期间，他的朋友们曾买通狱卒帮他越狱，但他为了维护法律和公正，宁愿赴死也不肯违背自己的信仰。

公元前399年6月的一个傍晚，在年届七旬的苏格拉底即将被处决时，他的一位朋友前来探望他，朋友伤心地说："你将要被不公正地处死，这真让我感到难以接受！"

苏格拉底却镇定自若地开玩笑道："难道你就愿意看我被公正地处死吗？"

后来，苏格拉底还和朋友侃侃而谈，似乎完全没有把处决的事情放在心上，直到狱卒端着毒药而来。当时，阿波罗多洛还送来了一件华美的外衣，让苏格拉底换上，却被苏格拉底拒绝了，他说道："这东西难道能让我活在其中而不是死在其中吗？"说完，苏格拉底便将毒药一饮而尽。

临死之前，苏格拉底托付给朋友的最后一件事，是让朋友帮忙偿还他曾吃过的邻居家的一只公鸡的钱。交代完这件事之后，苏格拉底便安详地闭上双眼，结束了自己的一生。

在苏格拉底离世后不久，雅典的公民们就已经开始后悔了，他们终于意识到，失去苏格拉底，就如同关闭了他们精神的训练场和体操馆一般。后来，人们为苏格拉底雕刻了一尊纪念铜像，并处死了控告他的美勒托，放逐了其他几个控诉者。但即便如此，苏格拉底也不可能复活了。

自知其无知

中国先秦时期的圣贤孔子说过："知之为知之，不知为不知，是知也。"老子也说过："知不知，尚矣；不知知，病矣。"后来库萨的尼古拉也说过："有知识的无知。"这些话其实都有异曲同工之妙，体现了思想家对人们认知有限性的自觉。而苏格拉底也同样认为，自知其无知正是最大的智慧。

据说有一次，苏格拉底的朋友在德尔菲神庙听到了阿波罗神传下的神谕，说这个世界上最有智慧的人就是苏格拉底。

苏格拉底听说这件事后，觉得很疑惑，为了验证神谕，他接连走访了当时城邦中著名的诸多智者、诗人和能工巧匠们。通过交谈，苏格拉底发现，在这些人中，许多认为自己充满智慧的人，实际上都只是擅长某一方面的技艺，或拥有相对丰富的知识罢了，而这些，其实都称不上是"智慧"。

最终，苏格拉底明白了阿波罗神的神谕之所以说他是世上最智慧之人，是因为他很清楚自己的无知，而不是像其他无知者那样，就连自己的无知都认识不到。换言之，自知其无知才是最大的智慧，而不知其无知则是最大的愚蠢。

苏格拉底所说的"无知",指的是对理念的无知,而非对个别现象的无知。为了达到对普遍真理的真知,苏格拉底总结出了一套独特的方法,即从具体事例出发来抽象普遍,通过问答的形式达成观点的纠正。具体来说,这一方法有四个环节。

首先是"讥讽":先宣称自己对某个问题一无所知,让对方来表达看法,然后抓住其矛盾之处发起诘问,动摇对方的坚持,使对方主动否定自己原本的看法。

其次是"助产术":在对方否定原本的看法之后,帮助对方抛弃谬见,寻求真知。

然后是"归纳":从个别具体事物入手,找到事物共同的本性,从而归纳出一般普遍的规律。

最后是"定义":将单一的概念归到一般的东西中,以获得普遍的规律性。

在西方,苏格拉底的这套方法对逻辑思维能力的培养有着非常深远的影响。

柏拉图学院

在苏格拉底的学生中，最著名的一位当数亚里士多德的导师柏拉图。苏格拉底、柏拉图、亚里士多德被誉为古希腊的"三大圣贤"，成就了哲学史上的一段佳话。

柏拉图，原名亚里士多克勒，出身于雅典的一个大贵族家庭，其母是梭伦的后裔。据说他的额头和肩膀都非常宽，所以才被人们称为"柏拉图"（宽阔的意思）。

柏拉图出身良好，自幼就受到很好的文化教育，在文学方面造诣颇深。他很早就接触到了毕达哥拉斯派与爱利亚派的哲学，与赫拉克利特的学生克拉底鲁也有过交往，并在20岁时拜入苏格拉底门下。后来，苏格拉底被处死，柏拉图就逃出雅典，在埃及、波斯、南意大利等地流亡了4年。

公元前388年，叙拉古王朝的国王狄奥尼修一世曾邀请柏拉图到西西里岛讲学，但后来，因两人意见不合，柏拉图怅然返回雅典。在回程途中，

▲ 柏拉图画像

柏拉图因遭遇海盗，被迫卖身为奴，幸好遇见了一位朋友花费重金帮他赎身。回到雅典之后，柏拉图本打算将赎金还给这位朋友，但对方没有收下。最终，柏拉图用这笔赎金买下了一块地，并建立了西欧历史上第一所正规学校，即阿卡德米学院。

阿卡德米学院主要开设了四门课程，即数学、天文、音乐、哲学。这其中，柏拉图最重视的当数数学，他还在学院门口挂了一个牌子，写着："不懂几何学者免入。"在教学方面，柏拉图一直推崇学以致用，他的学院培养出了许多著名的政治家，故而阿卡德米学院又被人们称为"政治训练班"。

自从经历了恩师被处死，自己也因政局混乱而差点沦为奴隶等一系列变故之后，柏拉图便将所有心思都放到哲学上了。在长达41年的时间里，他一边教学一边著书，并开创了一个理性主义的哲学系统，即后来形成的柏拉图学派。

在80岁高龄时，柏拉图无疾而终。他死后，阿卡德米学院在他的门徒主持下又继续存在了9个多世纪，直至529年，因推崇怀疑精神被罗马帝国封禁。

完美的理念世界

"理念论"是柏拉图哲学体系的核心，是他研究一切哲学问题的起点。柏拉图认为，只有理念才是真实的存在，任何个别事物的产生都是基于理念而来的。

在《理想国》中，柏拉图举了一个关于"床"的例子来说明这一点。他认为，"床"有三种，一是理念的床，即人的理念规定了床是

"床"而非"桌子"或其他东西；二是由木匠创造出来的具象的床；三是由画家通过绘画所创作出来的床。这三种"床"中，画出来的床所模仿的是具体的床，而具体的床所模仿的则是理念的床。也就是说，正是因为先有了"床"这个理念，才促使了各种各样的"床"的诞生。

故而，柏拉图得出了这样一个结论：世界上的一切事物都是变动的，唯有理念才是不变不动的真实。这就好比你在沙子上画一个三角形，这个三角形是可以抹去的，但"三角形"这个理念，不会因时间或空间的影响或限制而发生变动。换言之，现实世界不过是对理念世界的模仿，因为任何个别的具体事物都是易逝的、虚假的，唯有理念才是永恒的、真实的。

在柏拉图的理念世界中，理念还存在高低之分。比如具体事物的理念，如床、桌子等，就是最低级的理念；关于数学、几何学的理念，比如圆、方、大、小等，就属于较高级的理念；关于艺术、道德的理念，比如正义、美等，就是更高级的理念；而关于"善"的理念则是最高级的理念，因为其他一切的理念，都只有在"善"这一理念的照耀下，才会被人们所认知。

很显然，柏拉图理念世界的构建很大程度上是受到了巴门尼德思想的影响。

基于对理念世界的认知，柏拉图进一步得出了这样一个结论：他认为，人的灵魂就像理念一样，是比肉体更真实且不朽的存在。在人降生之前，灵魂一直存在于理念世界中，对一切的理念都是有所认知的。当灵魂进入肉体之后，便会受到欲望与激情的影响，从而遗忘了原本知道的理念。所以，如果想要重新获得对理念的认识，人就必须借助其他事物的刺激和诱导来进行回忆。也就是说，"一切的学习其实都是回忆的过程"。

理想国与哲学王

贵族出身的柏拉图一开始对政治也是非常关心的，但在经历恩师被处死，自己两度在叙拉古推行政治主张受阻之后，他便只能将未酬的"哲学王"政治理想放到"理想国"中去实现了。

《理想国》是柏拉图在大约公元前386年所创作的，用以阐述自己政治理想的著作，该书的副标题为《国家或正义论》。柏拉图认为，虽然这个"理想国"并不存在于现实，但它是最智慧、勇敢、节制以及正义的。

在"理想国"中，柏拉图将除奴隶之外的城邦成员分成了三个等级。

处于第一个等级的，是统治者或治国者阶层。他们是神"用金子造的"，拥有着最高的智慧，可以用来治理和谋划整个国家的大事。

处于第二个等级的，是武士或卫国者阶层。他们是神"用银子造的"，拥有勇敢的德行，负责捍卫城邦的安全和监督法典的制定与执行。

处于第三个等级的，是商人和工农业生产者阶层。他们是神"用铜铁造的"，拥有节制的德行，甘愿被统治，且担负着城邦的经济职能。

当这三个等级的阶层都各司其职，协调一致——即统治者治理国家，卫国者保卫国家，生产者从事劳动时，正义的城邦就诞生了，这就是柏拉图的"理想国"。

与之相对的，是不正义的城邦。简单来说，如果一个人天生就该是一名手艺人或生意人，却因为具备某些有利条件而产生爬上与之并不匹配的阶层的企图，或者同时执行多个阶层的职务，那么就会造成三个阶层之间的争斗不和、相互干涉，这样的"不正义"最终只会导致城邦的毁灭。

柏拉图认为，要想在现实中实现"理想国"，就必须依赖"哲学王"，即让哲学家成为统治者，或者说让统治者变成哲学家，用智慧来实现城邦的治理。就像做鞋子应当找手艺好的工匠，治病应当找医术高明的良医一样，治理国家也应该找最有智慧的人。

很显然，柏拉图的"理想国"是一种典型的贵族政治主张。就像马克思所说的，这只是"埃及种姓制度在雅典的理想化"。

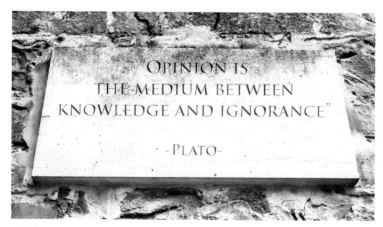

▲ 柏拉图：意见是知识与无知之间的媒介

古希腊哲学的高峰

亚里士多德被誉为古希腊"百科全书式"的人物，他博学多识，几乎涉猎了当时所有的学科，包括哲学、美学、修辞学、逻辑学、心理学、天文学、物理学、数学、生物学、伦理学、经济学、医学、战略学、政治学、历史学等，并在每一领域几乎都有所建树。

在短短六十余载的生涯中，亚里士多德创作了400多部伟大的著述，至今得以流传下来的作品有47部，其中最广为人知的著作包括《形而上学》《工具论》《政治学》《物理学》《尼各马科伦理学》《诗学》等，直至今日也依然属于精品。

他在各个领域所取得的成就也是世人难以望其项背的。他是第一个为学科分类的学者。在生物学方面，他发现了隔代遗传的现象；在天文学方面，他提出了"地球中心说"；在物理学方面，他对运动进行了分类，并总结出物质机械运动的一般规律……故而，马克思曾赞誉亚里士多德是"古代最伟大的思想家"，而恩格斯也曾断言他是古希腊"最博学的人"。

亚里士多德出生于希腊北方色雷斯的斯塔吉拉城，其父是马其顿国王的御医，但在很早的时候就已经去世了，之后亚里士多德便跟随新的监护人普罗克塞那生活。直到公元前367年，亚里士多德的姐姐将他送进了柏拉图的阿卡德米学院，这一待就是20年。后来，柏拉图去世，亚里士多德便离开阿卡德米学院，到了小亚细亚一带

▲ 亚里士多德雕像

讲学。

公元前343年，亚里士多德接受了马其顿国王腓力二世的邀请，成为王子亚历山大的老师。虽然亚历山大王子一直不认同亚里士多德"中等国家"的政治主张，但对他还是十分尊敬的。亚历山大曾说："父母赋予了我生命，而我的老师亚里士多德则让我明白，如何生活才能有价值。"可以说，亚里士多德的诸多成就与亚历山大的支持是密不可分的。

公元前334年，亚里士多德便回到了雅典，和他的老师柏拉图一样，走上了教育之路。他开办了吕克昂学园，并在此执教长达13年，这就是后来人们所说的"逍遥学派"。

公元前323年，随着亚历山大的病逝，反马其顿派势力开始掌权。而亚里士多德因为曾担任过亚历山大的老师，成为这些人的眼中钉。于是，雅典人再次施展惯常的手段——指控亚里士多德不敬

▲ 希腊硬币上的亚里士多德

神。不过，亚里士多德并没有像苏格拉底一样选择慷慨赴死，而是将学院交托给弟子德奥弗拉斯特主持之后，就逃亡到哈尔基斯上去了，次年与世长辞。

何谓"形而上学"

《形而上学》是亚里士多德最为著名的哲学著作之一。

在今天，"形而上学"主要有两种基本含义：一是指一种与辩证法相对的世界观和方法论，二是指一种以超经验思辨方式来研究非客观或无形世界的哲学体系。

在亚里士多德时代，哲学所包含的范畴其实非常广，既包括研究经验对象的具体科学，也包括研究超经验对象的形而上学。但亚里士多德认为，前者只能算是"第二哲学"，只有研究"现实、运动、形式、潜能、实体、质料、神、第一推动者"等超验对象的形而上学才能称之为"第一哲学"。

《形而上学》这一著作是在亚里士多德死后多年，直到公元前1世纪左右，才由吕克昂学院的继承人安德罗尼柯整理出版的，最初的译名为"物理学之后"，指的就是一种研究超验对象的哲学，这也是"形而上学"最初的意义。

这本书传入中国后，因其与魏晋时期的玄学有类似之处，故而有人将之翻译为"玄学"。后来，著名的思想家严复根据《周易·系辞》中的"形而上者谓之道，形而下者谓之器"一言，又把该书翻译为"形而上学"，这一名称才最终确定下来。

辩证法大师黑格尔在"研究超验对象的哲学"这一意义之上，又赋予了"形而上学"新的含义，即"一种与辩证法思维相对的、主观抽象的、表面的、孤立的思维方法"。所以，恩格斯才说："旧的研究方法和思维方法，黑格尔称之为'形而上学的'方法，主要是把事物当作一成不变的东西去研究……"

吾爱吾师，吾更爱真理

亚里士多德与老师柏拉图之间的关系是非常密切的，他17岁就拜柏拉图为师，跟随柏拉图学习长达20年之久。他还曾专门为柏拉图写过一首赞美诗："在众人之中，他是唯一的，也是最初的……这样的人啊，如今已无处寻觅！"

但即便如此，在追寻真理的过程中，亚里士多德也始终有着自己的坚持和思考，而非一味附和老师的观点。比如在哲学思想方面，亚里士多德就与柏拉图有着非常严重的分歧，他毫不留情地批评并否定了柏拉图的"理念论"，并提出了与之相对的"实体说"。因为这件事，还有人跳出来指责亚里士多德，说他是叛徒。对此，亚里士多德只回敬了对方一句至今仍闻名于世的话："吾爱吾师，吾更爱真理！"

"理念论"是柏拉图学说的地基，他认为，世上唯有理念才是唯一的真实，具体事物不过只是理念的模仿罢了，所以要认识某一事物，就必须从认识该事物的理念开始。但亚里士多德并不认同老师的这一理念，他认为，具体的事物才是真实的。就好比无论"苏格拉底"这一理念是否存在，世界上都必然会产生一个像苏格拉底的具体的人。

亚里士多德认为，一般抽象的概念性的东西是无法脱离个别具体的事物而独立存在的，能够独立存在的只有个别的具体事物，比如某一个人，或者某一匹马。亚里士多德将这种个别的具体事物称作"第一实体"。亚里士多德说，第一实体是一切东西存在的基础，比如"一匹白马"，"马"就是第一实体，而"白"则是存在于"马"之上的，不能独立存在。

有"第一实体"自然就有"第二实体"。亚里士多德将个别事物的"种"和"属"称作"第二实体"。比如某个具体的人物是第一实体，这个人物是包含在"人"这个"属"里面的，"人"这个"属"又是包含在"动物"这个"种"里面的。而"人"与"动物"都是实实在在存在的，也是"实体"。但与此同时，它们的实在性又必须通过个别具体事物才能表现出来，所以称之为"第二实体"。

第四辑

来自美索不达米亚的基督

痛失伊甸园

"我们从何而来？"这是每一个哲学家都苦苦思索过的问题。

《旧约·创世纪》中记载，世界是由上帝耶和华所创造的。在创世之前，世界是一片混沌与黑暗，除了无边无际的海水，什么都没有。

第一天，上帝说，要有光。于是便有了光，世界也分出了昼夜。

第二天，上帝说，要有空气。于是便出现了空气，分出了天地。

第三天，上帝让陆地上长出结种子的植物和开花结果的树木。

第四天，上帝在天空中创造出了日月星辰。

第五天，上帝让水中多了游鱼，天上有了飞鸟。

第六天，上帝为世界带来了牲畜、野兽与昆虫。

在完成这些创造之后，上帝从地上抓了一把泥土，根据自己的形象捏出了一个人，并朝他吹了一口气，于是他便活了过来，成为有灵的活人。上帝为他取名为"亚当"，赐予他食物，并让他住进了伊甸园。

到第七天的时候，上帝决定休息一天，于是这天便成了"安息日"。

最初，伊甸园中只有亚当一个人类，上帝看他孤单寂寞，便趁他熟睡时，取下他身上的一根肋骨，为他造了一个女人做配偶，这个女人就是夏娃。

上帝告诉亚当和夏娃，可以在伊甸园中自由活动，但绝不能吃其中一棵树上的果子，吃了必然会死亡。这棵树就是智慧树。

▲ 伊甸园雕像

后来，夏娃受到蛇的怂恿与蛊惑，偷偷和亚当分食了智慧树上的果子。吃下果子后，两人顿时就明白了善恶与羞耻，他们发现彼此都是赤身裸体之后，觉得很不好意思，便将树叶编织成衣裙穿在身上。

上帝发现这一切之后非常愤怒，他惩罚蛇从此之后只能用肚皮走路，而它的后代也将永远与人的后代互为仇敌；他惩罚女人从此将饱受怀胎生子的痛苦，并且被男人所管辖；他让土地长出荆棘与蒺藜，男人必须劳作得汗流满面才能糊口。

在伊甸园中，除了智慧树，还有生命树。上帝担心亚当和夏娃再去偷吃生命树的果子，这样一来，他们就能够拥有永恒的生命，于是便干脆把他们逐出了伊甸园。此外，上帝还在生命树旁安设了一把能够四面转动发射火焰的剑。

"创世说"与"原罪说"都是基督教的基本教义，在中世纪时，获得了人们的广泛认可。但在启蒙运动之后，大多数的思想家就转变了想法，认为人的命运是掌握在自己手中的，而能够拯救人类苦难的，也只有人类自己。

《新约》与《旧约》

作为全球信徒最多的宗教，基督教对西方文化的影响是十分巨大的，而基督教的经典《圣经》更是全球发行量最大、读者最多的图书之一。

"圣经"（拉丁文 Biblia，英文 Bible，法文 la Bible，德文 die Bible）这一名称最初来源于古代腓尼基的一个城邦名"毕布勒"。当时，毕布勒城邦最出名的就是草纸贸易，于是"毕布勒"一词在古希腊语中便逐渐引申出了"书"的含义。而希腊人则用希腊文"ta biblia"一词来称呼那些翻译成希腊文的犹太教经典著作。后来，到5世纪初期，君士坦丁堡主教克利索斯顿正式将"Biblia"定为基督教经典的专称，也就是"圣经"。

基督教从创立至今发生过多次嬗变：创立初期从犹太教异端变为罗马帝国国教；从犹太民族的地方性宗教变为世界性的宗教；从统一的基督教分裂成为罗马天主教和东正教；在马丁·路德宗教改革时又产生了新教，自此之后，基督教就分为了三大教派。但无论基督教怎么发展，有一点是始终不变的，那就是每一个教派都奉为经典的《旧约》与《新约》，即《圣经》。

那么，《旧约》与《新约》究竟是什么？为何《圣经》会称之为"约"呢？

《旧约》诞生于公元前6世纪到公元前2世纪之间，全书共39卷，

929章，包括5卷"律法书"、21卷"先知书"和13卷"圣著"，内容涵盖从公元前11世纪末以来古代犹太的律法、典籍以及各种文学作品等。

《新约》成形于1世纪下半叶到2世纪末之间，直到4世纪初期才最终确立下来。《新约》全书共27卷，260章，包括4卷"福音书"、21卷"使徒书信"以及"使徒行传"和"启示录"。

《旧约》最初是犹太教的经典，犹太人认为，《旧约》上记载了上帝与人订立的种种契约，比如上帝与亚伯拉罕订立的"割礼"，与摩西订立的"十诫"等。后来，基督教从犹太教继承了这一经典，并认为，救世主耶稣的降临意味着上帝将会和世人再次订立新的契约，而这新的契约就是《新约》。

摩西十诚

"摩西十诚"又被称为"十诚",据说是上帝耶和华在西奈山顶亲自与摩西订下的"契约"。

简单来说,"十诚"包括以下内容:

"第一,除我以外,你不可有别的神;

"第二,不可为自己雕刻并跪拜偶像;

"第三,不可妄称耶和华名;

"第四,当纪念安息日,守为圣日;

"第五,当孝敬父母;

"第六,不可杀人;

"第七,不可奸淫;

"第八,不可偷盗;

"第九,不可做假见证陷害人;

"第十,不可贪恋别人的房屋,也不可贪恋别人的妻子、仆婢、牛驴,并他一切所有的东西。"

"十诚"以律法的形式确立了上帝与人之间以及人与人之间的伦理规范,这一点显然是受到了古巴比伦律法的影响。当时正是犹太人四处迁徙的时期,而"十诚"的出现对稳定社会起到了十分重要的作用。它不仅是后来以色列人立法的基础,同时也是西方文明核心的道德观。

"摩西十诫"在《圣经》中一共出现过两次，一次是在《出埃及记》中，一次是在《申命记》中，两次出现的内容大体上是一致的。

《出埃及记》是《旧约》最重要的一卷。据记载，犹太人的祖先亚伯拉罕是亚当的第十代子孙，那时候，犹太人居无定所，整个民族都在四处漂

▲摩西十诫

泊。有一段时间，犹太人因对法老有功而得以居住在埃及城里，但埃及的人本身就已经非常多了，他们并不欢迎犹太人的到来。更何况，犹太人在做生意方面又极有天赋，这让许多埃及城的土著居民感受到了危机，冲突也就不可避免地产生了。

尤其是在原来的法老死后，新的法老上台，犹太人的生活就更加水深火热了。新法老甚至还颁布了一道残酷的命令，让人将所有新生的犹太男婴都杀死，以此断绝犹太人的根。在这场浩劫中，只有一个男婴活了下来，他就是摩西。

摩西原本是埃及公主的养子，在他长大后，有一次，为了替一个被埃及人欺负的犹太人出头，他不慎打死了那个埃及人，为了活命，他只得离开埃及城，逃亡去米甸，回归犹太人的身份。

上帝怜悯犹太人的苦难，便向摩西显灵，将带领犹太人走出埃及的使命赋予了他。一开始，很多犹太人都不信任摩西，而且也舍

不得放弃埃及城的繁华，不肯跟摩西走。直到摩西借用上帝的力量展现出神迹，犹太人才肯相信他，跟随他踏上离开埃及回归自由家园的道路。

然而，道路的艰难很快就让跟随摩西出走的犹太人们感到了懊悔，他们开始抱怨，并要求返回埃及。但摩西始终坚持着自己的信仰，他告诉族人们，上帝一直与他们同在，会在最危急的时刻帮助他们。

虽然摩西的信仰十分坚定，并有着无限的勇气和百折不挠的精神，但他的族人们早已在埃及的繁华与舒适中忘却了自己祖宗所信仰的真神。他们总在抱怨，吵着要回埃及、回尼罗河。摩西知道，想要统一族人的思想与行动，就必须让他们承认上帝耶和华是唯一的真神，坚定自己的信仰。

在行至西奈山区时，摩西受到上帝的感召，登上西奈山顶，并在那里待了40个昼夜。在这段时间里，上帝向摩西颁布了"十诫"和一些约束犹太人的律法。然而，当摩西带着与上帝立约的两块法版回来时，却发现他的族人们竟以为他已经遭遇不测，并自己造了金牛犊的神像来祭拜。摩西非常愤怒，以雷霆手段镇压了族人的叛乱，而法版也被摔坏了。

为了替犹太人求得上帝的宽恕，摩西再次登上西奈山顶，重新与上帝订立了契约。当摩西带着新的法版归来时，人们发现他的脸上发着光，两眼更是炯炯有神，让人不敢直视。他向犹太人颁布了法版上记录的律法条文，即"摩西十诫"。

救世主——弥赛亚

世界上绝大多数的宗教都是由某个人创立的，而不是自然而然就存在的，在全球拥有信徒最多的基督教也不例外。

基督教的创始人是耶稣基督。据《圣经》记载，耶稣基督是上帝之子，是代表上帝到人世间拯救犹太人的救世主。"耶稣"就是"救世主"的意思，而"基督"一词则来自于希腊文"Christos"，希伯来语的意思是"弥赛亚"。也就是说，"耶稣基督"相当于一个复合称号，意思是"救世主弥赛亚"。

相传，耶稣在传道时曾展现过许多神迹，比如曾用五个饼和两条鱼就解决了5000多人的口粮；可以在海面上行走漫步；能将清水变为美酒；能使死去四天的拉萨路复活；预见自己将会如何被处死，并且复活等。

关于耶稣复活的故事，《圣经》中记载，在耶稣死后，约瑟领走了他的尸体，将其安葬在一个由石头凿成的墓穴中。为了防止耶稣的门徒将尸体盗走，伪装耶稣复活的迹象，彼拉多派了很多士兵把守坟墓，并用一块贴着封条的巨石堵住了墓穴的入口。

然而，三天之后，人们却发现巨石被移开了，墓穴之中空空如也，只留下一些细麻布和裹头巾，耶稣的尸体则不翼而飞。很快，耶稣复活的消息就传开了。据说有很多人都曾在耶稣复活之后见过他。

关于耶稣的事迹，《新约》中有更为详尽的记载。据说耶稣是亚伯拉罕的后裔，大卫的子孙。他出生在伯利恒的一个马厩中，父母为躲避希律王的迫害，曾带他逃亡到埃及，直到公元前4年，希律王去世之后，3岁的耶稣才又跟随父母回到加利利的拿撒勒城，也就是他的故乡。后来，耶稣在拿撒勒城一直生活到30岁，受了约翰的洗礼之后才离开这里。

耶稣是一个宽厚仁慈的人，在离开拿撒勒之后，他便行走于各城各乡，一边向世人宣讲天国的福音，一边为世人诊治各种各样的疑难杂症。随着耶稣声名鹊起，越来越多的人开始流传，说他就是《圣经·旧约》中所预言的救世主基督。

这一传言引起了一些犹太祭司长和文士的不满，他们担心犹太人在认定耶稣是救世主之后，便会跟随他一同去争取独立，引来罗马帝国大军的镇压。于是，犹太大祭司该亚法便提议将耶稣杀死，以"挽救犹太民族"。

最终，耶稣被犹太人钉上了十字架。

据说意大利的都灵至今还保存着一段长约4米、曾被用来包裹耶稣尸体的细麻布，即著名的"都灵圣布"。美国宇航局的有关专家曾利用最先进的成像技术和分析仪器，对都灵圣布进行了长达3年的研究，并最终还原出耶稣基督的样貌：他是一名身高1.76米，体重79公斤，年龄大约30岁，且面上长有胡须的犹太男子。

因为荒谬，所以信仰

罗马帝国晚期时，苦难与动荡席卷了这个庞大的帝国，鼎盛时期的繁荣与强大早已成过眼云烟。惊恐不安的人们开始纷纷向宗教寻求安慰，基督教就是在这样的社会背景之下迅速发展起来的。

在当时，如何处理古希腊罗马的理性文化与基督教的信仰文化之间的关系，成了基督教内部争论不休的首要问题。当时，基督教内部对此产生了两种意见，一种意见认为，应当将信仰与理性相调和，让理性来为信仰服务；另一种意见则认为，应当将信仰和理性彻底割裂，因为二者是无法共存的，有理性就不存在信仰，有信仰就无须理性。

著名的基督教教父哲学家德尔图良就是第二种意见的典型代表，他是一个信仰至上者，在他看来，有理性者眼中荒谬的东西，恰恰正是人们所信仰的对象，因此他主张："正因为荒谬，所以我才信仰。"

德尔图良出生于非洲北部的迦太基城，早年一直过着花天酒地的浪荡生活，直到30多岁时，才因感动于基督教徒为维护信仰视死如归的壮举，加入了基督教。

加入基督教之后，德尔图良充分运用自己的聪明才智和雄辩口才，不遗余力地捍卫基督教，并最终成为西方拉丁教会的第一位"教父"。据说这位"教父"性格十分高傲且咄咄逼人，故而还赢得了一个"非洲铁头"的称号。

在德尔图良看来，信仰与理性之间是永远无法共存的，就如他的一句名言："雅典和耶路撒冷是毫不相干的。"

作为一名信仰至上者，德尔图良认为，信仰永远高于理性，而理性以及代表理性的哲学都是毫无价值的。在他看来，人们有了耶稣基督之后，就无须再听哲学家的奇谈怪论了；世人有了《福音书》之后，其他的探索与理解也就毫无意义了。因为信仰是超越理性的，而那些在理性看来荒谬的东西则是无法用理性来把握的。故而，德尔图良说过这样一句话："我相信上帝，因为我无法证明他。"

▲古迦太基遗址

回头浪子——奥古斯丁

关于理性文化与信仰文化的关系，主张"让理性为信仰服务"一派意见的代表就是奥古斯丁——基督教中仅次于耶稣基督十二门徒的"圣人"和"恩典博士"。

奥古斯丁既是一位伟大的哲学家，也是一位伟大的基督教神学家，他有着非常深厚的拉丁文化和希腊哲学背景，曾从哲学高度论证了"上帝创世说""原罪说""救赎说""三位一体说"等基督教的基本教义，促成了信仰与理性的完美结合。

奥古斯丁出生于354年11月13日，家乡在北非的塔加斯特城（现在阿尔及利亚的苏格艾赫拉斯）。他的母亲是一名虔诚的基督徒，父亲则是一名罗马官员。

奥古斯丁十分聪慧，年少时就展露出了非凡的才华。但他同时也非常顽劣，在青少年时期干过不少坏事，诸如逃学旷课、打架偷梨等。17岁时，奥古斯丁前往迦太基深造，过了一段浪荡享乐的生活，还给自己找了一个情妇，生下一个私生子。19岁时，奥古斯丁开始信仰摩尼教，但随后，他发现摩尼教并不能解决他人生中的一些困惑，于是逐渐对摩尼教失去兴趣，开始研究怀疑主义和新柏拉图主义的哲学。

383年，奥古斯丁到米兰做了一名修辞学教授，并在母亲的劝说下与一位女子订婚，抛弃了和他同居十多年的情妇。也就是在这段时期，奥古斯丁受到母亲的影响，加之被基督教的布道打动，开始对基督教产生了兴趣。

386年的一天，奥古斯丁突然感觉到了主的引导，在经过激烈的心理斗争后，毅然决定抛弃一切，皈依基督教，并于次年正式受洗，成为基督教会的一员。

加入基督教之后，奥古斯丁创作了大量的宗教著作，其中流传至今的布道大约有500篇，书信200多封。而他最著名的作品有三部，即《上帝之城》《忏悔录》和《论三位一体》。

430年8月28日，奥古斯丁在希波城辞世，享年76岁。数月之后，希波城被日耳曼部落的汪达尔人攻占，整座城市几乎都沦为焦土，唯独奥古斯丁图书馆和大教堂安然无恙。

▲ 奥古斯丁教堂

上帝之城

基督教刚成为罗马帝国的国教不久，阿拉里克就率领哥特人攻陷了罗马城。这一事件严重打击了罗马人对基督教日益高涨的热情，异教徒们也乘势而起，大肆攻击基督教，宣称正是因为罗马皇帝改信基督教，所以罗马人再不能得到朱比特的庇护，罗马城才会发生这样的悲剧。

为了驳斥异教徒们的指责，捍卫基督教的教义，奥古斯丁花费15年时间，写就了著名的《上帝之城》。

奥古斯丁指出，早在基督教成为罗马的国教之前，罗马就曾遭遇过数次入侵与内战，比如高卢人入侵时所带来的苦难，就远比哥特人入侵所带来的苦难更为可怖。异教徒们总是将罗马所遭遇的灾难归咎于基督教，然而事实上，就连哥特人也是信奉基督教的，在罗马被劫掠期间，不少异教徒都是因躲进教会才逃过一劫。

奥古斯丁还说，对于基督徒而言，即便忍受苦难也是一种快乐，比如君士坦丁和狄奥多西两位皇帝就一直觉得非常幸福。在圣徒们看来，现世的失去并不重要，哪怕死后无法得到安葬也没有关系，因为贪婪的野兽永远也无法阻挠肉体的复活。尽管罗马城已经毁灭，但"上帝之城"一直在壮大，而大公教会就是"上帝之城"在世俗的影子。

"上帝之城"这一说法源自于《圣经》。奥古斯丁认为，人类实则只有两大团体，如果按照《圣经》的说法，可将其看作两个城：世俗之城和上帝之城。

▲ 奥古斯丁雕像

所谓世俗之城，就是由遵从肉欲生活的人所组成的团体，他们轻视上帝，为腐朽的肉欲所奴役，注定要走向毁灭；而上帝之城，则是由愿依从精神生活的人所组成的团体，他们热爱上帝，服从上帝，能够克制和支配自己的肉欲，终将成为上帝的选民，从而得到救赎。

很显然，所谓的"上帝之城"，并不存在于人类社会的现实历史之中，就连教会也只能说是"上帝之城"的象征，而非"上帝之城"本身。但奥古斯丁认为，"上帝之城"是确实独立存在于尘世之外的，也就是魔鬼犯罪之前的"天使之城"以及末世审判后的"未来天国"，而人类历史实际上就是"上帝之城"战胜"世俗之城"的过程。

在《上帝之城》一书中，奥古斯丁着重强调了国家与教会的分离，他认为，在涉及宗教事务的事情上，国家应当服从教会，这样，国家才能成为"上帝之城"的一部分。在整个中世纪，此书的观点曾产生过非常重大的影响，尤其是在教会与世俗政权的斗争之中。后来的神学家们将这一理论解释为教会对政治的干预，即教权高于王权。

罗马人的国教

　　罗马帝国建立之后，由于当局并不限制大多数非官方宗教的发展，所以在当时的罗马，各种各样的神秘宗教和流行祭仪占据了罗马万神殿的每一个壁龛，基督教就是其中之一。

　　在公元180年之前，基督教只是来自古代东方的众多祭仪之一，社团力量较为弱小，奥勒留皇帝甚至还曾限制过它的发展。直至180年奥勒留逝世之后，基督教信徒数量急剧增加，信徒的成分也逐渐发生了变化。

　　在从前，基督教的信徒几乎都是由贫苦阶层组成的，包括农民、匠人、乞丐、奴隶等。从3世纪初开始，越来越多的文化人士加入了教会，其中包括一些著名的学者，如克莱门特、亚历山大里亚的奥利金、德尔图良等。就连罗马的政府官员中，也有不少是基督教的信徒。

　　那时候，罗马帝国的统治者们逐渐意识到，在达成政治上的统一之后，宗教也必然会成为某种统一的体系。而在当时，相对于其他多神教或神秘教的宗教来说，基督教的体系更为完备，能够更好地达成信仰的统一。于是，罗马的皇帝们开始转而支持基督教。

　　罗马皇帝君士坦丁上台后，对基督教予以了大力支持，使得基督教从民间信仰上升成为官方信仰。

　　313年2月，官方颁布了"米兰敕令"，在官方文件中确立下了许多有利于基督教发展的重要原则。这表示在统治者的眼中，基督教已经成为一种积极的力量。380年，狄奥多西一世颁布敕令，要求帝国"遵守神圣使徒彼得给罗马人的信仰"。随后在391年和392年，狄奥多西一世又接连下令，禁止异教崇拜。自此之后，基督教终于正式成为罗马帝国的国教。

这是罗马帝国史和西方世界史的一个重大转折点，基督教神学对罗马帝国精神世界的征服，促进了基督教宗教文化与罗马帝国主流文化的交流与融合，为西方中世纪的历史奠定了基础，共同铸就了西方文明。

▲ 君士坦丁雕像

第五辑

耶稣的千年

唯名论与实在论

中世纪时期是西欧封建社会的形成、发展与繁荣时期，同时也是基督教文化占统治地位的时期。这是一个信仰高于理性的时代，哲学就好似神学的婢女一般，哲学家们都在研究诸如"神用泥土捏成的亚当有没有肚脐眼儿""亚当被造出来的时候吃的是什么"这一类与基督教教义脱不开干系的问题。

这一时期的哲学主要是教父哲学和经院哲学。教父哲学是经院哲学的前身，一直到9世纪初期的时候，经院哲学才开始形成。而贯穿经院哲学的最重要的一个问题就是一般与个别的关系，即一般（概念）或共相是否是实在的？

事实上，这已经是一个古老的哲学问题了，柏拉图和亚里士多德都曾对这一问题有过诸多论述。而最早明确提出这一问题的则是普罗提诺的学生波斐利，后来，经院哲学家们对这一问题进行了真正深入的研究，并由此形成了所谓的唯名论与实在论两派。

唯名论认为，个别的东西是实在的，但一般只是人们用于表示个别的名词或概念，并非客观存在的。

唯名论最著名的代表者是罗塞林和阿伯拉，虽然他们都是唯名论的支持者，但具体来说，二者的观点也并非完全相同。罗塞林认为，一般只是一个名词，无论是现实还是思想中都不存在一般的概念；阿伯拉则认为，虽然现实中不存在一般，但人们的思想中是存在一般这个用于表示事物相似性或共同性的概念的。阿伯拉的主张也被人们称为"温和唯名论"或"概念论"。

举例来说，以罗塞林的观点，只有个别的人是实在的，但"人"只是一个用于称呼个别人的名词或声音，并不是真实存在的。阿伯拉的观点则认为，尽管现实中不存在抽象的"人"，只存在个别的人，但这些个别的人之间必然有一些共性，对这些共性抽象之后，就会在人们的思想中形成一个抽象的"人"的概念。

实在论与唯名论相反，这一观点认为，一般是先于个别事物而存在的，是独立存在的客观实在。安瑟伦和托马斯·阿奎纳是实在论的主要代表人物，他们二人的观点同样也存在一定差异。

安瑟伦认为，一般不仅是客观实在的，而且还是个别事物的原型，只有一般先存在，才能产生个别事物。这其实相当于是柏拉图理念论的一种翻版，属于比较极端的实在论观点。而阿奎纳则认为，一般既存在于上帝和人的理性之中，同时也存在于个别事物之内。相对来说，这种理论属于较为温和的实在论。

如果举例说明的话，以安瑟伦的理论来看，世界上是先有了"人"这个理念，然后才能产生个别的人；而阿奎纳的理念则认为，"人"这个概念相当于是第二实体的存在。

事实上，唯名论与实在论之间的分歧不仅仅存在于理论方面，同时也存在现实利益的冲突。比如唯名论者就主张国家应当高于教会；亚当所犯的罪并不能延伸为全人类的原罪；圣父、圣子和圣灵也不是什么"三位一体"，只能作为三个不同的实体而存在。这些主张显然直接触犯了教会的利益，难怪会引起代表教会的实在论者们激烈的反对。

上帝是怎么存在的

论证上帝的存在是支撑基督教信仰的重要基石，毕竟如果上帝是子虚乌有的，人们又怎么可能信仰他呢？因此，主张信仰高于理性的经院哲学家们，一直在充分利用思辨与逻辑为基督教教义做辩护。这其中，最为出色的佼佼者，就是有"最后一个教父和第一个经院哲学家"之称的安瑟伦。

安瑟伦出生于意大利北部的一个贵族家庭，父母皆是虔诚的基督教徒，在这样的家庭影响下，安瑟伦自然早早加入了基督教。在27岁那一年，安瑟伦因父亲反对他成为一名僧侣，负气出走去了诺曼底的贝克修道院。在那里，安瑟伦受到了副院长兰弗朗克的赏识，并在访问英国时获得了巨大的声誉。后来，安瑟伦还成为贝克修道院的院长。之后又接任兰弗朗克，成为坎特伯雷大主教。

安瑟伦有诸多著作，其中最著名的有《独白篇》《宣讲篇》和《神人论》等，他提出的关于上帝存在的所谓的本体论证明就出自于《宣讲篇》一书。

安瑟伦说，每个人都能在心里设想一个"最伟大的存在"，这样，人们心中便有了"可设想的最伟大的存在"这个观念，这样一来，这个观念就是实实在在存在于人们心中的了，这是毋庸置疑的。

既然"可设想的最伟大的存在"是存在的，那么从逻辑上来说，自然还存在一个"不可设想的最伟大的存在"。换言之，"不可设想的最伟大的存在"同样也是确实存在于人们心中的。

这样一来，就能得出一个结论："不可设想的最伟大的存在"既存在于人们心中，同时也存在于现实之中。

这里所说的"不可设想的最伟大的存在"指的正是上帝。故而，上帝既存在于人们的心中，同时也存在于现实之中。这就是安瑟伦的论证。

在当时，一位名叫高尼罗的僧侣反驳了这一论证。他认为，观念中的东西并不能等同于实在的东西。比如你可以在观念中想象出一个美丽得无与伦比的海岛，但你不能因为这个海岛无与伦比就证明说它同样是存在于现实的。

在安瑟伦之后，还有不少人曾试图论证上帝的存在。但很显然，信仰与理性本就格格不入，想要用理性去证明信仰，无异于搬起石头砸自己的脚。

哲学是神学的婢女

在教父哲学家和经院哲学家看来，哲学就如同神学的婢女一般，是应当为神学服务的。著名的经院哲学家托马斯·阿奎纳正是第一个明确提出这一观点的人。

托马斯·阿奎纳是中世纪时期经院哲学的代表人物，一生都在致力于论证天主教的正统教义，且在教会中有极高的声誉，被人们赞誉为"天使博士"。他这一生著有18部巨作，其中包括著名的《神学大全》和《反异教大全》等。教皇还曾正式宣称他的学说是"天主教会至今唯一真实的哲学"。

托马斯于1225年出生在意大利那不勒斯附近的一个伯爵之家，曾在修道院接受过9年初等教育。他从小就热爱思考，常常沉浸于自己的思想世界，以至于给人一种看似有些呆傻的感觉，还收获了一个"哑牛"的绰号。据说有一次，托马斯正在苦思冥想，一个小伙伴突然骗他说天上有头牛飞过，托马斯不假思索地抬起头往上看，惹得众人哄笑不已。

在16岁时，托马斯进入那不勒斯大学，并接触到了大量的哲学与科学著作。后来，他加入了天主教组织"多明我会"，这可以说是他一生中最重要的转折点。

1245年，托马斯来到巴黎大学，拜入阿尔伯特门下，经过努力，顺利取得神学博士学位。之后，托马斯便辗转在巴黎、科隆、罗马和那不勒斯等地，教授哲学与神学。随着名气越来越大，托马斯受到了罗马教廷的邀请，成为教皇智囊团中的一员。

1274年，托马斯49岁，死在了前往里昂参加宗教全会的路途中。

为什么托马斯认为"哲学是神学的婢女"呢？

第一，在题材方面，神学是高于哲学的。哲学研究的是人理性所能涉及的范畴；而神学所研究的，则是已经超越理性的至高无上的存在。

第二，神学的确定性要高于哲学。哲学的确定性源自于人理性的本性之光，而人是会犯错误的；神学则不同，神学的确定性源自于上帝，而全知全能的上帝是永远不会犯错的。

第三，从目的上来看，神学的目的显然高于哲学。哲学研究的目的，最高也不过就是涉及国家政治；但神学研究的目的，是追求永恒的幸福，后者显然要比前者更高。

第四，在地位方面，神学也是高于哲学的。神学来源于上帝的启示，单这一点就足以彰显其地位。

所以，托马斯认为，虽然哲学与神学可以共存，但神学永远都是高于哲学的，就像信仰高于理性一样。理性当为信仰服务，哲学则当为神学服务。托马斯这样解释道："神学应当将其他科学当作下级和奴仆来使用，就好比主要科学使用附属科学、政治学使用军事学一样。"

"上帝存在"论

既然托马斯·阿奎纳说"哲学是神学的婢女",那么他究竟是怎样让哲学为神学服务的呢? 这就要从他如何证明上帝存在说起了。

在安瑟伦的本体论证明遭到批驳之后,"天使博士"托马斯站了出来,一连提出五条证明来向世人论证上帝的存在。

第一,不动的推论者论证。

按照亚里士多德的说法,运动就是事物由潜能转化为现实,而这种转化是需要另一事物来推动的。同理,另一事物的运动又需要别的事物来推动。以此类推,世界上必然应该存在一个最初的推动者,一个本身不动的第一推动者,而这个第一推动者就是上帝。由此可见,上帝是存在的。

第二,最终因论证。

世上发生的任何结果都有其原因,相应的,这个原因的形成又有其原因。以此类推,必然存在一个最终因,否则这个因果系列只能无穷地追溯下去,而这个最终因显然只能是上帝。可见,上帝确实是存在的。

第三,自身必然性论证。

世上有些事物是可能存在的,那么有些事物就是必然存在的。因为可能存在的事物只能凭借必然存在的事物而产生。而必然存在的事物中,有一些事物的必然性是由其他更必然的事物引起的。也就是说，世界上一定存在一个不依赖其他事物并且自身就为必然性的存在，否则这个必然的系列就只能无止境地追溯下去。而这个不依赖其他事物并且自身就为必然性的存在也只能是上帝，可见，上帝存在。

第四，绝对的完善性论证。

世界上一切善良、真实、高贵的存在，都是相对于另外善良、真实、高贵的存在而言的。也就是说，世上必然存在一种最善良、最真实、最高贵的存在，否则这个完善性系列就只能无止境地向上追溯。而这种最善良、最真实、最高贵的绝对完善存在，只可能是上帝。故而，上帝必然存在。

第五，最高目的论证。

任何事物的运动都有其目的，换言之，如果世界上不存在一个最高目的作为指引，那么万事万物的运动就无法达到其目的。由此可以推论，世界上必然存在一个指引万事万物运动的最高目的，也就是上帝。可见，上帝确实是存在的。

奥卡姆的剃刀

虽然托马斯·阿奎纳的学说被教皇和教会称作"天主教会至今唯一真实的哲学",但实际上,在教会内部,也存在一些反对托马斯正统经院哲学思想的唯名论者,如罗吉尔·培根、邓斯·司各脱、威廉·奥卡姆等。其中,有"不可战胜的博士"之称的奥卡姆无疑是最厉害也最出色的代表。

奥卡姆出生于英国萨里郡的奥卡姆村,曾就读于牛津大学,并顺利完成了神学博士学位的所有课程,但最终,因其思想与基督教的正统教义相冲突而使得他终生都没能得到博士学位。

1322年前后,奥卡姆发表了一系列关于反对教皇专权、主张分离教权与王权的论文,宣称教会只应该关心宗教事务,而不应干涉世俗政权。这一事件触怒了教会,奥卡姆也被教皇判定为"异端",并于1324年时被逮捕,投入亚威农教皇监狱。次年,在教会的组织下,六名神学专家就奥卡姆的著作展开研究,将其中51篇判定为"异端邪说"。

1328年初,奥卡姆逃出监狱,教皇大怒,革除奥卡姆的教籍,并正式下达了通缉令。奥卡姆一路逃往意大利比萨城,向反对教皇的皇帝路德维希寻求庇护。在觐见皇帝时,奥卡姆这样说道:"若你用剑保护我,那我便将用笔捍卫你!"自此之后,奥卡姆与罗马教廷公开决裂,并定居在慕尼黑,展开对教廷及托马斯正统经院哲学的口诛笔伐。

路德维希皇帝去世之后，失去庇护的奥卡姆再次遭到罗马教廷的传讯。然而，还未等教廷给奥卡姆定罪，他便死于一场在欧洲蔓延的黑死病。

奥卡姆是一名典型的唯名论者，他认为，只有个别事物才是最终的存在，人类的知识应当是从认识个别事物开始的。比如人只有多次看到"马"，并重复感受"马"的感觉，才会在理性中形成"马"这个一般概念。

这与托马斯的观点完全相反。托马斯认为，个别事物中的一般是某种"特殊实体"，而物体与物体之间的不同，往往正是由这种"隐蔽的质"所决定的。比如铜之所以是铜，是因为它的里面潜藏着"铜"这种特殊实体，也就是所谓的"隐蔽的质"。

对于托马斯提出的"隐蔽的质"，奥卡姆认为，完全是在自找麻烦。这一概念的引入非但不能将事物本身说清楚，反而还增加了更多冗杂的东西。针对这种"烦琐哲学"，奥卡姆还提出了一个"思维经济原则"，即"如无必要，不要增加任何实体数目"。当人们懂得用思维经济原则来将所有累赘剃掉之后，才能最大限度地节省时间与精力。这就是著名的"奥卡姆剃刀"。

第六辑

启蒙之光照耀欧洲

宗教改革

在400多年以前，当文艺复兴运动高举着艺术和人性的旗帜席卷欧洲时，另一场更为深刻且意义深远的运动也在轰轰烈烈地进行着，那就是宗教改革运动。

这是一场革命，一场解放人类曾被天主教会禁锢并扭曲的心灵的革命，它让上帝走下神龛，回归到人们沧桑而干渴的心灵之地，帮助人们重新释放并回归真理，促使欧洲文明走上一条近代化的道路。而掀起并领导了这场革命的两位伟大人物分别为马丁·路德和约翰·加尔文。

马丁·路德在德国乃至世界历史上都有着非常巨大的影响，他曾被教皇斥为"闯入葡萄园的野猪"，但也正是他的这种横冲直撞，撼动了传统天主教会的千年根基，并在欧洲引起一连串的连锁反应。在德国，马丁·路德展开了许多宗教方面的改革，比如简化礼拜仪式，改用德语来做弥撒，将布道引入圣餐礼，在礼拜之中融入更多的音乐元素等。

在马丁·路德所做的种种事情中，引起最大争议的，是他反对农民起义，因为他认为，这种暴力行为是与基督敌对的。

约翰·加尔文在历史上的影响并不比马丁·路德小。可以说，新教徒的"耶路撒冷"日内瓦就是由他一手主导和建设起来的。此外，加尔文还提出，国家与教会应在《圣经》的最高原则指导下，划分出各自的独立范围，这是历史上政治分权的最早实践之一。

　　在这场宗教改革运动中，如果说马丁·路德是一个摧毁者，那么约翰·加尔文便是一个建造者。虽然历史对这二人的评价褒贬不一，但不可否认的是，他们都无愧于"宗教改革两巨人"这一称号。

▲ 马丁·路德雕像

文艺复兴

文艺复兴运动发源于意大利，那时候，社会上最流行的思潮是以"肯定人，注重人性，要求把人、人性从宗教束缚中解放出来"为核心的人文主义思想。

简单来说，人文主义思想的主要内容包括：反对中世纪时期抬高神、贬低人的观点，肯定并强调人的价值与可贵；反对中世纪时期神学所提倡的禁欲主义和来世观念，强调现世生活的享乐；反对中世纪时期宗教对人的束缚和封建等级观念，鼓励个性解放和自由平等；反对中世纪时期的蒙昧主义，推崇经验与理性。

诗人但丁和画家乔托是意大利文艺复兴时期最早的两位代表人物。但丁以《神曲》对教会的贪婪腐化与封建统治的黑暗残暴发起了抨击；而乔托则以力求真实的画风，创作了不少宗教题材的壁画，被人们誉为"近代绘画的奠基人"。

彼特拉克与薄伽丘是意大利早期新文化的代表人物。彼特拉克有"人文主义之父"的美誉，致力于提倡古典学术的研究；薄伽丘则以颇负盛名的现实主义文学巨著《十日谈》，揭露并讽刺了贵族阶级的放荡与糜烂。

文艺复兴运动在16世纪时进入全盛时期，"美术三杰"达·芬奇、米开朗琪罗和拉斐尔就是在这一时期声名鹊起的。达·芬奇博学多才，无论在艺术还是科学方面都颇有造诣；米开朗琪罗在建筑、雕刻、绘画、诗歌等方面都有不少杰作；拉斐尔的《西斯廷圣母》《雅典学派》等作品几乎达到了构图与形象完美的极致。

在欧洲文化艺术发展史上，文艺复兴时期是继古希腊、古罗马文化繁荣之后的又一个文化高峰时期。在这一时期，欧洲完成了自中世纪封建社会向近代资本主义社会的过渡，标志着封建文化的没落与资本主义文化的诞生，这是人类文明史上一场伟大的变革。

▲ 拉斐尔的《雅典学派》绘画（局部）

乌托邦

　　许多年之前，柏拉图曾构想过一个"理想国"。而在文艺复兴时期，英国的托马斯·莫尔则设想出一个"乌托邦"。这大概是因为，在人类心中，对未来始终存在着美好的渴望与期盼。

　　《乌托邦》是莫尔于1516年出版的作品。在书的第一部分，莫尔通过作为主角的葡萄牙水手拉斐尔·希斯拉德之口，抨击了统治阶级的专权残暴，讽刺了当时英国社会的黑暗与腐朽，并深刻揭露出圈地运动所导致的"羊吃人"现象。莫尔将批判的矛头直指私有制，

▲ 托马斯·莫尔雕像

他说道："除非彻底废除私有制，财富的平均分配才能公正，人类的生活才能真正幸福。"

书的第二部分，莫尔通过一个名为"乌托邦"的小岛，描述了自己心中对未来理想社会的构想。

在经济上，乌托邦实行财产公有制管理，人们的生产、分配与消费都要按照一定的计划进行调节。这里没有货币，没有商品流通，每个人都能在公共食堂免费领到可口的饭菜，在公共医院免费享受优质的服务。在这里，人人都要劳动，除从事农业生产之外，每个人还必须根据自己的情况，选择一项手艺来作为自己的职业。

在政治上，乌托邦推行的是民主统治，除奴隶之外，乌托邦所有的公民都能参加全岛大会和议事会选举。

在科学文化方面，乌托邦重视全民教育，要求公民们除工作、吃饭和睡眠之外，尽可能将时间与精力都投入学术探讨和研究上。

在社会生活方面，乌托邦提倡积极健康的生活方式，鼓励人们建立平等、互助、融洽、友爱的社交关系。

在宗教方面，乌托邦提倡信仰自由。

在对外关系方面，乌托邦尊崇和平与友好的原则。

此外，莫尔还详细描述了乌托邦小岛上的人口、教育、城市规划、交通运输乃至思想观念等方面的内容。

虽然莫尔怀抱着美好的期望构建出了乌托邦这一人类理想社会的美好蓝图，但他自己其实也很清楚，这一理想中的社会图景在当时只可能是一个"乌有之乡"，不可能成为现实。莫尔也因此被称为西欧第一位伟大的空想社会主义者。

圣奥尔本斯子爵——培根

"知识就是力量"——很多人都听过这句话，而第一个提出这一观点的人，就是弗兰西斯·培根——英国著名的唯物主义哲学家和科学家。他是文艺复兴时期最重要的人物之一，曾被马克思誉为"英国唯物主义和整个现代实验科学的真正始祖"。

1561年1月22日，培根出生在伦敦的一个官宦世家，他的父亲尼古拉·培根是伊丽莎白女王的掌玺大臣，母亲安尼是加尔文教派的信徒，在当时颇有才名。良好的家教让培根从小就展露出超乎寻常的才智，仅12岁就进入剑桥大学三一学院深造。

▲ 培根画像

培根在剑桥大学学习期间，对传统的观念与信仰产生了怀疑，并开始独立思考社会与人生。三年后，他以英国驻法大使埃米阿斯·鲍莱爵士的随员身份旅居法国，在巴黎待了两年半，接触到了许多新鲜的事物，同时也汲取了许多新潮的思想，这些对培根日后世界观的形成有着很大的影响。

1579年，因父亲病逝，培根的生活陷入了贫困。回国之后，他住进葛莱法学院，一边继续攻读法律课程，一边四处找工作。

1582年，培根顺利取得律师资格，并在两年后当选为国会议员。1589年，培根成为法院候补书记，但很可惜，这一职位在之后的20年里都不曾出现空缺，培根依旧处于四处奔波的状态。也正是在这一时期，培根找到了自己将为之奋斗一生的志向，即将经验观察、事实依据和实践效果引入认识论，从而改革一切脱离实际、脱离自然的知识。

1602年，培根终于迎来了自己的好运气，对他大为赞赏的詹姆士一世上台，培根的仕途也从此平步青云，一路扶摇直上，最终坐上英格兰大陆官的高位，并获得了子爵的爵位封号。

虽然培根的仕途之路走得极为顺利，但他最大的才能与志趣实际上都在对科学真理的探求上。他曾出版了多部著作，并在学术研究方面取得了卓越的成果。

1621年，培根因被指控贪污受贿而丢了官职，并被终生逐出宫廷，身败名裂，彻底断绝了政治生涯。此后，培根开始专注于理论著述。

1626年3月底，培根正潜心研究冷热理论及其实际应用的问题，路过一片雪地时，他突然灵光一闪，决定做一个实验：他杀了一只鸡，在鸡肚子里填满雪，然后观察冷冻在防腐方面的作用。结果，由于身体孱弱，培根在受寒后支气管炎复发，于4月9日清晨病逝。

培根死后，亨利·沃登爵士为他题写了墓志铭：

圣奥尔本斯子爵

如用更煊赫的头衔，应称之为"科学之光""法律之舌"。

戴面具的哲学家

近代哲学的奠基人及思想家笛卡尔说过："演员们戴面具来遮羞，而我走上世界舞台时，也同样戴着面具。"

那么，这位戴面具的哲学家笛卡尔究竟是何许人也？他又有什么需要"遮羞"的秘密呢？

笛卡尔出生于1596年，自幼身体孱弱。据说他出生的时候，身体状况十分糟糕，就连医生也险些放弃希望，但值得庆幸的是，这位未来的大人物最终还是健康地活了下来。

求学时期的笛卡尔是人们眼中的模范生，听话、有责任感且求知欲强。但谁也不知道，在他模范生的表象之下，潜藏着一个充满反叛精神的灵魂。他怀疑一切摆在眼前的知识，尤其是哲学；他对书本上的东西嗤之以鼻，却对那些遭到教会学校抵制的科学及哲学充满探究精神。

回顾那时候的自己，他这样说道："一旦年龄允许，我会

▲ 笛卡尔雕像

毫不犹豫地放弃学业，将自己从对老师的俯首帖耳中解放出来。我将去探寻那些只能在我心中和在世界这本大书中才能寻找到的知识，用我余下的青春岁月去接触和了解形形色色的人，积累各种各样的经验，并从命运带给我的一切体验中获得思考。"

事实上，笛卡尔也是这样做的。他先在巴黎寻找到了他的"世界之书"，"陷入娱乐、骑马、击剑、舞会和游玩的旋涡中"。但很快，他又从朋友圈子里消失了，选择独自生活，钻研数学和哲学问题，就连家人和朋友也不知道他究竟身在何处。

一段时间之后，他决定去服兵役，成为一名军人。对他而言，为什么而战似乎并不重要，因为他既在基督教也在新教旗帜下服过兵役。他真正感兴趣的，是人们究竟如何做到对同类举起屠刀，以及如何设计杀人武器。

在经历了对"世界这本大书"的探究与思考之后，笛卡尔开始转向对自我的思考。于是，他回到了荷兰，让自己沉浸于"寂寞中"，专心研究人类在思想领域的种种发现。

在这段时期，笛卡尔进行了大量的创作，虽然这些创作几乎不曾正式出版过，但他还是受到了来自政府与公众的诸多攻击。人们反对他，指责他是无神论者，亵渎神明。最终，他在荷兰也待不下去了，只得接受瑞典女王克里斯蒂娜的邀请，搬到了她的王宫。

在瑞典王宫中，最困扰笛卡尔的问题，大概就是他的生活习惯了。之前他一般是从中午开始工作，但女王希望他能在每天早上5点就和她一起探讨哲学。这让笛卡尔感到非常不习惯，而且北方的严寒也让他始终难以适应。最终，还未来得及离开瑞典，笛卡尔就去世了，享年54岁。

在哲学与数学领域，笛卡尔都做出了卓越的贡献。他尝试将数学的精确方法融入对哲学的研究与探讨之中，使哲学变得像几何学一般确定和明晰，解决了哲学问题因不确定性而造成的种种争执。他曾说过，他的种种努力，就是为了能够让哲学从黑暗中重见光明。

我思故我在

"我思故我在"——这是笛卡尔建立整个思想体系的第一哲学原理。他声称，这是一个"不证自明的公理"，不需要通过逻辑推理，也并非按照亚里士多德的三段论得出，而是一个通过普遍怀疑的知觉和直观的产物。

笛卡尔认为，"我"可以去怀疑一切，但"我"在怀疑一切的时候，"我"是不能怀疑正在怀疑一切的"我"的存在的，这是一个毋庸置疑的事实。因为怀疑本身就是一种思想活动，而正在进行这种思想活动的"我"必然是存在的，否则"我"不可能进行这种思想活动。而这时候，"我"的本质其实就是一个正在思想的东西，是脱离了形体而独立存在的精神实体。也就是说，这个"我"是与思想共存的。

笛卡尔从"我思故我在"这一哲学原理出发，构建了二元论的世界观，从而肯定了纯粹思想主体的存在。这在那个时候是一个伟大的、划时代的发现。这种思想主体与物质世界的客体相对立，为近代科学的发展提供了一种认识的根据和新思路，有着非常重要的哲学意义。

百科全书式的莱布尼兹

　　莱布尼兹是一位"百科全书式"的人物，他知识之渊博，涉足领域之广，恐怕除亚里士多德之外，称得上是"前无古人后无来者"的。腓特烈大帝就曾评价他说："他为自己创立了一个完整的学院。"

　　莱布尼兹是个神童，自幼便展现出了惊人的学习能力。据说他的拉丁文是8岁时通过阅读利乌斯的一本书自学的。

　　15岁时，莱布尼兹进入大学学习法学，并首次接触到了哲学问题，自此之后，他的脑海中就再没有停止过对哲学的思考。

　　那时候，对莱布尼兹影响最大的是亚里士多德的以目的概念为中心的学说，以及笛卡尔的以机械因果关系为出发点的学说。虽然这两种观点看似是矛盾的，但莱布尼兹并没有从中二选一，而是将

▶莱布尼兹画像

Gottfried Wilhelm Leibniz.

这两种观点综合起来，试图寻找到属于自己的哲学。

据说莱布尼兹原本打算在学院攻读博士学位，但教授认为他太年轻了，也有一种说法是因为系主任太太不喜欢他，所以从中进行了阻挠。但不管怎么样，莱布尼兹最终去了纽伦堡附近的阿尔特多夫大学，并以优异的成绩通过考核，拿到了博士学位。

莱布尼兹拥有非常广博的知识面，对数学、物理、地理与矿物学、法学及国民经济、语言与历史科学、神学和哲学等都颇有研究。但他最卓越的成就还是体现在哲学方面，他发明了一种记录思想的方法，用缩写的符号来表示每一个特定的概念，即我们今天所说的"形式逻辑"。

莱布尼兹是在70岁时辞世的，虽然他多才多艺，与王室诸侯过从甚密，辞世时却几乎默默无闻，王室对此也没有任何表示。他这一生留下的绝大多数文章都是即兴作品，比如给某位朋友的信件，或为某位尊贵的大人物答疑解惑。唯一算是一部完整作品的，大概只有受和普鲁士女王索菲·夏洛特的谈话启发创作而成的《神正论》。

太阳明天还从东方升起吗

"太阳明天还从东方升起吗？"——对于这个问题，如果你给出的答案是肯定的，那么怀疑论者大卫·休谟大概会告诉你：不！即使你在过去的每一天都看到太阳从东方升起，也无法保证它明天就不会从西方升起！因为我们无法通过过去的情况而断言出"所有的"情况，所以我们永远无法知道"下一次"会怎样。

大卫·休谟出身于苏格兰的一个贵族家庭，他从小就立志要投身于哲学。因受到一些激昂文章的影响，休谟在16岁时就宣称，自己要"像个哲学家一样说话"。但在一年之后，他就遵照家人的安排，进入大学开始攻读法学专业了。

在忍受枯燥学业的同时，休谟终于开始认真展开了对哲学问题的思考，甚至为此而放弃了自己的专业考试。18岁的那一年，休谟经过长时间的学习与思考后，认为自己已经感知到了一个全新的思想世界，并决定要去寻找那条"通往真理的新道路"。但这条路究竟是什么呢？休谟对此其实也毫无头绪。

28岁时，休谟完成了自己的第一部作品《人性论》，他本以为这部著作将会震撼世人，获得哲学界的广泛认可。但事实上，这部作品没有激起任何水花，几乎没有人注意到它。其后数年，休谟陆续发表了一些与政治和道德有关的文章，获得了一定的反响。那时候，他本打算去申请一个伦理学和政治学教授的职位，却遭到了教会的阻挠，因为他所发表的自然神论、怀疑论和无神论等，均触犯了教会的利益。

之后的数年中，休谟从事过各种各样的职业。他曾做过一位患有精神病的侯爵家的清客；也曾做过一位将军的秘书，甚至同他一起奔赴战场；还曾在军事法庭里任职。在这些年里，休谟利用空余时间，对自己从前的作品进行重新加工之后，以《人类理智研究》和《道德原理研究》之名发表出去。

休谟的很多思想都是令人震惊的，有许多人谴责他，但同时也有许多人支持他。他在爱丁堡法学系做图书管理员的时候，就曾有一位女士因为男友谴责休谟而愤怒地与之分手。

后来，休谟在作为公使秘书前往巴黎时，突然就赢得了世界性的声誉，受到法国政府的热烈欢迎。在给友人的信中，他这样写道："他们对我的生活状况十分关心。在这里，我吃的是人间美味，喝的是玉露琼浆，就连呼吸都充斥着崇拜者香烟与鲜花的味道。"

虽然法国之旅看似非常完美，但休谟并未长久停留在巴黎，或许比起这些，他更怀念自己家中的靠背椅。因此，他很快就回了英国，并在外交部任职副部长，于一年之后辞职离开。

1776年，休谟平静地离世，他至死都在坚持自己的"怀疑论"之论点。

存在就是被感知

"经验主义"认为,世界只是人们所经验到的东西,故而,人只能从经验中获得认识。

乔治·贝克莱就是一名坚定的经验主义者,并且将经验主义推崇到极致。他曾这样说道:"对人显现着的外感经验对象……只是人心之内的对象,我们有什么理由使它变成脱离人心的独立存在物呢?"

贝克莱的话其实不难理解。简单来说就是,他认为,只有当人们感觉到一个东西的时候,才能知道这个东西是存在的。相反,如果人们没有感觉到这个东西,那么它就是不存在的。比如月亮,如果大家都不去看它,不去注意它,那么又有谁能断定说月亮是存在的呢?也就是说,在这个世界上,没有任何东西是独立存在的,一个东西是否存在,如何存在,关键都取决于人们的感觉。

当然,并非所有哲学家都认可经验主义的观点,比如有的哲学家就认为,并非所有知识都是从经验中得来的,因为有一些知识是上帝直接让我们知道的,比如某些"天赋"。而像贝克莱这样的经验主义者自然不会承认"天赋观念"这一学说,他驳斥道:"我们对一切观念的认识都是从我们的感性经验中获得的,物质就是我们对事物感性经验的观念结合。而感性经验并没有提供给我们脱离事物单独存在的观念,所以物质与人的内心是分不开的。"

　　简单来说，存在就是被感知。也就是说，我们没有看到花的时候，花就是不存在的；只有当我们踢到石头，并感觉到疼痛时，石头才是存在的。

所有人对所有人的战争

托马斯·霍布斯是近代最著名的政治学者之一，同时也是近代英国君主制和国家政治学说的主要奠基人，可以说，如果没有霍布斯，英国的皇家制度就不可能延续至今。

《利维坦》一书是霍布斯在1651年时出版的著作，也是霍布斯政治学说的代表作品之一。该部著作的核心论点，是呼吁强大的君主以强大的权威，建立起一个强大的国度。霍布斯认为，不管主权是归属一个人还是一个议会，都必须是绝对的，不可分割也不可转让，这是毋庸置疑的原则。无论是君主制国家还是民主或贵族制国家都是如此，政治社会的权威必须集中于主权者手中。

霍布斯认为，任何一种社会体制最终都会面临两种危险，一种是专制，另一种是无政府混乱状态。而后者显然是比前者更危险也更可怕的情况，毕竟"一个最坏的政府也胜于没有政府"。因此，霍布斯一直主张，为了社会的安定繁荣，国家是有权增强政治权力的，这样才能最大限度地避免社会陷入无政府的混乱状态。

霍布斯这部著作出版的时候，恰逢英国社会局势动荡，政治思潮十分混乱，社会上还出现了许多煽动叛乱的革命者。因此，该书刚一出版，就因主张绝对国家主义而遭到社会舆论的强烈谴责。

然而，霍布斯并未因此退缩，他提出了一个对近代西方法学和政治学来说都至关重要的概念，即"自然秩序"和"自然法"。霍布斯认为，法有两种：一种是在现实中，由国家所制定的法律，称为"实定法"；另一种则是由上帝所制定的，符合自然秩序的法律，称为"自然法"。这其中，自然法所体现的是上帝的意志，因此，人类在制定实定法的时候，必须服从于自然法，这样社会才能长治久安，实现持续稳定的发展。

在霍布斯看来，每个人的天性中都存在着许多自私和邪恶的劣根性，如贪婪、好色、残忍等。每个人都想占据尽可能多的资源，都想获得毫无限制的自由，一旦失去法和秩序的约束，人类之间就必然会产生无穷无尽的争斗与残杀，进而引起战争，使人类社会变得一片混乱，最终集体走向毁灭。

因此，即便人生而自由，生而平等，我们也仍旧需要法与秩序的管束，需要一种凌驾于所有人之上的权力来限制人们的自由，以保证整个社会的可持续发展。这就是为什么我们需要国家。

被骂名包围的哲学家——斯宾诺莎

巴鲁赫·斯宾诺莎是一个在哲学史上被骂名包围的哲学家，无论生前还是死后，人们对他的谩骂都不曾停止。

他被骂作是"愚蠢的恶魔""怕见光的写匠""丧失理智的笨蛋""哲学无赖"等。就连一些著名的学者也都曾毫不含糊地批判过他的学说。比如伏尔泰就曾批判过他的学说是"建立在对形而上学极大的滥用上"，莱布尼兹斥责他的书是"让人无法忍受的狂妄的文字"，哈曼、康德等人甚至直接将他描述为"一个理性和科学的强盗与杀手"。

当然，在这个世界上，哪怕是再讨厌的人，也总会有人喜欢。同理，被骂名包围的斯宾诺莎自然也有追随者。有趣的是，这些追随斯宾诺莎的"粉丝"，对他的狂热与信仰简直是无与伦比的，他所受到的热情赞誉，丝毫不逊色于他蒙受的骂名。比如莱辛就曾在一次谈话中评价道："人们在谈论斯宾诺莎时就像是谈论一条死狗……但没有任何一种哲学能像斯宾诺莎的哲学一样……"赫尔德在信中提及斯宾诺莎时这样写道："我不得不承认，他的哲学使我感到很幸福……我每听到这伟大哲学的一个音符时，我的心便得到升华……"就连歌德也曾坦言，自己对斯宾诺莎"曾真正狂热过、热爱过"。

那么，哲学家斯宾诺莎究竟是一个怎样的人？他的学说又有着

▲ 斯宾诺莎雕像

怎样的"可怖"与魅力呢？到底是什么样的力量，让人们对他总有着极致的咒骂与赞颂呢？

　　纵观整个哲学史，斯宾诺莎的命运大概可以说是绝无仅有的。虽然他的思想曾在哲学界掀起过巨大的波澜，但他又是所有哲学家中最孤独内向和安静谦卑的一位。他是一名理性主义者，却脱离了犹太教；他是一名犹太人，却一直都活得与世隔绝；他是如此孤独，却又恰恰在孤独之中发现了永恒……

　　1632年，斯宾诺莎出生在阿姆斯特丹一个从葡萄牙移民到荷兰的犹太人家庭，父母为他取名为巴鲁赫，拉丁文名则是本尼迪克特，二者都有"被祝福之人"的含义。

　　然而不幸的是，斯宾诺莎并没有如同他的名字一般得到祝福。在还未成年的时候，他就因不肯承认《旧约》中那些充满矛盾和荒谬的看法是"绝对真理"，而与家乡的犹太宗教团体发生冲突。

起初，斯宾诺莎的敏锐与聪慧曾引起过教会的注意，教会甚至试图通过贿赂的方式来拉拢他，发现这一手段无法奏效之后，教会又曾试图谋杀他，最终将他逐出了教会。

对于真理的追求，斯宾诺莎一直都有自己的坚持。他始终遵从自己的内心，听从真理的召唤，从不畏惧他人的看法，也并不在意自己的特立独行会招致怎样的结果。他曾这样写道："我让一个人随他的天性生活，如果他愿意的话，也可以让他为了他的福祉而死去，只要允许我为真理而活。"

然而，斯宾诺莎的"任性"彻底激怒了人们，他们无法想象，这个世界上竟会存在这样一个完全不顾念别人想法，只在乎个人真理的家伙，他甚至丝毫都不把那些自古以来就存在的真理看在眼里。

斯宾诺莎的一生非常短暂，年仅45岁，他就因多年的肺结核病过世了。无论生前还是死后，斯宾诺莎都是孤独的，他最重要的著作《理智改进论》和《伦理学》在他辞世之后才得以发表，也是直到那时，人们才终于窥见了他思想世界的些许光景。明白究竟是什么样的力量，支撑他始终忠于自己的真理，不因畏惧而退缩，不为荣誉所诱惑，在孤独与忍耐中踽踽独行。

斯宾诺莎哲学认为：在现世痛苦的体验中，充满激情地拥抱永恒，以永不熄灭的热爱。斯宾诺莎将其称为"对上帝的精神之爱"。人们评价他是"对上帝充满狂热的人""内心充满崇高的世界精神"，而他则"圣洁又谦卑地在永恒世界中映照自我，并努力成为世界最亲近的一面镜子"。

上帝在自然之外

自然神论是17世纪到18世纪时期出现的一种有神论的哲学观点，又被称为自然宗教，其代表人物包括赫伯特勋爵、约翰·洛克和马休·廷德尔。

自然神论认为，上帝创造了世界，便赋予了它整齐划一的内在秩序，之后，上帝将不会再对世界的发展进行任何干预，也不会再去注意或管理它。因为宇宙拥有既定的内在秩序，它懂得该如何"料理"自己。这就好比你在出门旅行之前，给闹钟上好了发条，即便你不在家，闹钟也会按照自己的节奏嘀嘀嗒嗒地向前走。所以，人类只需要借助自身的理性力量，就能认识到一些不证自明的真理，比如"世界存在一位创造者"。

自然神论认为，一切宗教都基于以下五条信念：

第一，信仰一位至高者。

第二，人具有崇拜上帝的义务。

第三，德行是崇拜上帝的最主要方面。

第四，应为罪而忏悔。

第五，死后有报偿和惩罚。

后来，在18世纪末19世纪初期，随着怀疑主义的兴起，自然神论的学说逐渐走向了衰落。

伟大的人类解放者——伏尔泰

作为启蒙运动的先驱，伏尔泰的一生充满着抗争与不屈，但同时又始终纠缠在杂乱无章之中。他一生所追求的，都是思想的自由与宽容，是世界的和平以及人类的幸福，是将社会上的一切压迫与不公正都彻底铲除。正如他所说的："只要可能，就让我们将这一丝光亮带给堕入谬误黑暗的世界！"

似乎早在出生之时，伏尔泰一生的混乱与坎坷就已经初见端倪了。据说他刚出生的时候，身体并不十分康健，他的乳母一度以为他无法存活下来，就连洗礼都是草草了事。几经周折之后，乳母才重新给他补办了一个较为正式的洗礼。

伏尔泰这一生都过得甚为跌宕起伏，因为与教会和支持教会的统治阶级之间的种种矛盾，在很长一段时间里，伏尔泰都没能找到一个安静的栖身之所，四处颠沛流离。他曾被赶出巴黎，也曾被投入巴士底狱。不过，在狱中他是拥有一项特权的，即可以和监狱长一块儿用餐。

伏尔泰的一生也可以说是与教会斗争的一生。在那个时代，反对教会的他就像是人群中的异类一般，被无数人指责、谩骂。人们中伤他、诋毁他、诅咒他，视他如瘟疫和污秽一般，甚至还有一位神学教授抱怨，为什么上天会让这样一个人降生于世间。

他的作品无数次被禁止和焚毁，想要出版也只能隐藏起自己的

▲ 伏尔泰塑像

名字，选择匿名出版。甚至在作者被暴露时，他还得站出来，亲自否定这是自己的创作。有的时候，迫于外界压力，他甚至违心地承认自己是天主教徒，并到教堂排队领取圣餐充饥。对于这种种行为，他曾坦言："我愿意成为有信仰的人，但我并不愿意做殉道者。"

和混乱而跌宕的命运一样，伏尔泰的私生活也是一团糟。他的身边总是发生着各种各样的风流韵事，他所交往的女人几乎涵盖了各个阶级、各种身份，有侯爵夫人、女演员、平民姑娘，甚至是朋友的妻子、自己的侄女。对伏尔泰来说，及时享乐似乎并不是什么过错，他甚至宣称："上帝之所以将我们带到世间，便是让我们去享乐的，其余的则是平庸、可悲和可厌的。"

当然，享乐的生活需要金钱的支撑，而这正是伏尔泰所缺少的。虽然他的父亲貌似十分富有，但伏尔泰本人过得甚为拮据，甚至在很长一段时间内都靠举债度日。一直到晚年时期，伏尔泰才变得非常有钱，但生活依旧是一团乱麻。那时的他这样写道：我的身体与心灵都习惯了无序状态。

伏尔泰的才华是毋庸置疑的，他手中犀利的笔既是他最强大的武器，也是他一生灾难的根源。他几乎是在和整个世界吵架、对抗。他曾深受普鲁士国王的赏识，但又因深深的误会，"其中不乏他自己的过错"而离开。他创作的戏剧作品虽然被人们敌视和禁止，但又在每一次的演出中引起轰动与反响。他的小说也同样在一次次被禁止、焚毁后一版再版。

歌德曾如此评价他：伏尔泰具备了这世上最完美的能力与技艺，所以他才能享誉全球。

尼采也赞誉他是"伟大的人类解放者"。

▲ 伏尔泰雕像

论法的精神与三权分立

1689年1月18日，在法国波尔多附近的拉布雷特庄园，一个名叫孟德斯鸠的孩子诞生了。他的父亲是一名军人，祖父和伯父相继担任过波尔多法院的院长。在这样的家庭背景影响下，孟德斯鸠很小就开始关心国家政治，尤其对法律有着浓厚的兴趣。

年仅19岁，孟德斯鸠就已经获得了法学学士学位，25岁时成为波尔多法院的顾问，27岁时从伯父手中接棒，成为新一任的法院院长。

然而事实上，孟德斯鸠对法院院长的职务并没有多少兴趣，他更热衷于科学方面的研究。尤其是在目睹上流社会光鲜外表下藏污纳垢的荒淫生活之后，孟德斯鸠更是对封建专制制度失去了信心，甚至开始积极思考，试图探索出一条新的道路。

1726年，孟德斯鸠以高价卖出了波尔多法院院长的职位，并带着所得的巨款迁居巴黎，成为法兰西科学院的一名院士，打算从此专心从事科学研究。

1728年，孟德斯鸠开始在欧洲各国游历，花费三年时间，深入考察了各国的政治法律、国家制度和民情风俗，收集到了丰富的资料。之后，孟德斯鸠便专心投入创作，并于1734年出版了《罗马盛衰原因论》一书，震惊了整个欧洲学术界。这一著作的成功为孟德斯鸠带来了极高的声誉。

当然，这还不是孟德斯鸠成就的巅峰，真正让他誉满全球的，

是发表于1748年的重要巨
著《论法的精神》，这是他
最著名的代表作之一。

在《论法的精神》一书
中，孟德斯鸠深刻剖析了西
方历来的各种封建制度，并
对其进行了全面的批判，从
理论上论证了一切封建制度
必然灭亡，社会革新势在必
行的观点。孟德斯鸠把社会
比作各种物质因素与精神因
素综合而成的有机整体，并
在此基础上分析和比较了各
类社会存在的历史现象，试
图找出社会历史发展的规律性。

▲ 孟德斯鸠雕像

孟德斯鸠认为，从最广泛的意义上来说，"法"其实就是事物的
规律和法则，是由事物性质产生出来的必然关系。从这个意义上来
说，万物都有其法。上帝有上帝的法，人类也有人类的法，就连物
质世界也同样有它的法。

在各个国家，法的具体呈现其实就是政治、法律等社会制度。
这些制度的产生既和国家政体的性质与原则有关，又受到国家"自然
状态"的影响，如气候、土壤、生活方式、宗教、财富、人口、贸
易、风俗习惯等。所有的因素综合起来，便形成了"法的精神"。

好的国家制度，不仅符合人类的理性，还能调和并处理好各项
社会因素之间的关系。这其中，国家政体的性质和原则是最重要的，

一个恶劣的政体，无论如何都不可能诞生出优秀的政法制度。

　　此外，孟德斯鸠还在书中提出了"三权分立"的学说，即将国家权力分为立法、行政、司法"三权"，并分别由议会、君主、法院三方执掌，三者之间相互独立，相互牵制，达成一种稳定的平衡，以此来更好地维持国家的统一与稳定。即便到了今天，孟德斯鸠的"三权分立"学说也有着深远的影响。

第七辑

在德语中升华的哲学

哥尼斯堡之子——康德

伊曼努尔·康德是一位伟大的哲学天才，1724年出生于东普鲁士的哥尼斯堡。从出生开始，他就没有离开过自己的故乡。这位伟大的哲学家给人们最深的印象就是死板、方正、一身书生气。或许康德本人就是人们心目中对哲学家的刻板印象，又或许就是康德将这个印象深深地植入了人们的心中。

康德的生活规律得可怕，就如同人们对德国人的看法一样，不论做什么事情在时间上都是分毫不差。他每天早上5点会准时起床，4点45分他的仆人兰帕就会来到他的床前叫他起床，直到康德起床，兰帕才会离开。即便康德觉得自己太困了，哀求、恳求兰帕让他多睡一会儿，兰帕也不会徇私。兰帕之所以这样坚持，正是因为之前康德对他下过命令，让他必须要强迫康德本人准时起床。

起床以后，康德不会吃早饭，他选择喝茶和吸烟来让自己清醒起来，之后就开始讲学，或者进行哲学思考。午餐是他一天当中最期待的，他很少独自进餐，因为他觉得自己吃饭会消耗更多的精力。所以他会选择和朋友们边吃边聊，度过一天当中最开心的时光。

吃过午饭，稍作休息，在下午3点钟的时候开始散步。每天散步的路线都是固定的，从自己的家走到弗里德里希炮台，然后再原路返回。康德的哲学思想有不少都萌发于散步的路上，因此他将这条路称作哲学大道。康德每天都会出来散步，风雨无阻，在当地有不少人将散步的康德当成了时钟。只要看见康德出来散步，时间就已经到下午3点了。还有些人会趁此校准自家的时钟。

康德拥有如此强大的时间观念并不是从小养成的习惯，也不是哲学思考为他带来的，而是因为受到了朋友的影响。在哥尼斯堡有一位名叫约瑟夫·格林的英国商人，康德和他经常一同外出游玩。一次，他们约好早上8点钟乘格林的马车去城外，

▲ 康德雕像

而7点45分格林就已经迫不及待地在室内反复踱步，等着出发了。5分钟以后，格林戴上了自己的帽子，又过了5分钟，他提起了自己的手杖，开始下楼。正好到8点钟的时候，格林就坐上马车朝着目的地出发了。此时的康德正气喘吁吁地赶往格林家，而格林正驾着马车从他身边飞驰而过，完全不顾他的呼喊。那次经历让康德深受触动，从此以后他再也没有迟到过。

康德与格林并没有因为那一次小小的插曲影响到他们之间的友谊，他们的关系之好令旁人羡慕，并且一直保持到老。康德经常在下午拜访格林。一日，康德到了格林家，发现格林正在椅子上睡觉。为了不打扰格林休息，康德就坐在一旁思考哲学问题。没多久，康德也睡着了。两人还有一位共同的朋友银行家鲁夫曼，鲁夫曼来到

▲ 康德墓碑

格林家以后，看见酣睡的格林和康德，就默不作声地在旁边坐了下来。没一会儿，鲁夫曼也睡着了。好一会儿，一位叫莫德尔比的朋友来到了格林家，看见酣睡的三人，忍不住大笑了起来。他将酣睡的三人叫醒，开始了聊天和讨论。

四人一直聊到晚上7点才结束，这几乎是一个固定的时间。所以，镇里的居民又有了新的对照时间的方式，如果康德从格林家里出来，那么就是晚上7点了；如果康德没有出来，那就说明时间还不到7点。

康德被誉为"哥尼斯堡之子"，他的一生都在这个小城镇度过。他的一举一动都是这座城市的风景线，并且让哥尼斯堡这个小城被全世界的人熟知。在康德的人生谢幕时，当地的民众自发前来，排着长队为这座城市最骄傲的"儿子"送别。当时正值冬日，地面被冻得非常结实而无法挖掘墓穴，康德去世16天以后才得以下葬。

康德的思想被全世界的人们熟知，也深深地影响了每个了解他思想的人。人可以死去，但思想不会。康德的思想至今仍被广泛传播着，前来哥尼斯堡悼念他的人也是络绎不绝，哥尼斯堡的年轻人在结婚的时候总是会带上一束鲜花放在康德的墓前。

钻石王老五——康德

康德终身未婚，这不是因为他其貌不扬，也不是因为他不善言谈。康德总是能够在社交场合中给人留下深刻的印象，虽然他的生活看起来非常古板，但他本人讲起话来十分幽默风趣，再加上他充满智慧的眼睛，这样一位聪明人怎么会得不到女性的青睐呢？事实上，哥尼斯堡有不少年轻的女士都希望能够成为这位优雅绅士的终身伴侣。

康德也不是没考虑过自己的婚姻问题，在他有了稳定的生活之后，就开始琢磨自己应该有一位怎样的妻子了。很快，他有了一位心上人，那就是凯瑟琳伯爵夫人。因为心有所属，所以他始终和其他年轻女性保持着一定的距离。

这位凯瑟琳伯爵夫人是他的雇主，康德一度担任着伯爵夫人儿子家庭教师的职务。虽然伯爵夫人已经人到中年，但仍然美丽动人，气质也不同寻常，十分大方、洒脱。正是这样一位不凡的女性走进了康德的心里，让康德拒绝了身边其他所有的女性。

但是，阶级社会是残酷的。即便这位伯爵夫人已经守寡多年，伯爵与普通人之间的巨大差距也让他们不能结成伴侣。所以，康德只能在前往伯爵府上授课的时候偷偷地看心上人一眼。

1763年，伯爵夫人再婚了，再婚对象与伯爵夫人门当户对。这件事情对康德的打击很大，他满怀悲痛地辞掉了家庭教师的工作。至于康德与伯爵夫人之间是否有超越友谊的感情，至今没有定论。不过，从种种迹象来看，伯爵夫人是喜欢过康德的。伯爵夫人经常在家中举办上流社会的沙龙，而伯爵夫人身边的那个位子一定是属于康德的。如果康德不在，那么这个位子就要空出来。这就说明了康德在伯爵夫人心中的地位不是别人可以取代的，而康德在辞掉伯爵府的工作以后就再也没有与其他女性有过交集。

人生中的种种经历并没有让康德收获一份满意的爱情，因此他终身未娶。但康德并不后悔，他曾自嘲地说，未婚的老年男人比那些已婚的男人看起来更加年轻，那些已婚男人的脸上写满了沉重，就如同一头负重前行、饱经风霜的老牛一样。或许就如同康德所说的那样，在康德的老年生活中，他表现得非常轻松、非常快乐，将大多时间与心思都放在了哲学上。

人为自然立法

不管康德的一生给人们留下了怎样的印象，谈到学术问题的时候，康德的形象就变成了一位严肃的哲学家。他的哲学观点被称为批判的哲学，而这种观点也在他的作品中得到了极好的体现。讲述他批判的哲学的观点的作品一共有三部，分别是《纯粹理性批判》《实践理性批判》《判断力批判》，这三部著作是康德的巅峰之作，也是哲学史上的顶级作品。

康德认为，批判的意思就是分析、考察和审定，所以，他的三部作品也是有针对性的，分别代表了对人们认识能力、道德能力和审美能力的批判。

第一批判，对认识能力的批判起源于康德的疑虑，在他读完休谟的著作后，觉得有些事情就如同休谟所说，人们认为世界上的事情是有联系的，那么真的有吗？还是我们从主观出发，对事物的联系做出的判断呢？人们对世界的认识并不完善，所以觉得自己看清了世界的本来面目就更加不对了。

康德的想法与休谟有相同之处，但又不完全相同。康德觉得休谟的想法过于悲观、保守，过于极端了。休谟认为，人们所认识到的规律，不过是人们自己给自己培养出的心理上的习惯。康德觉得这样去看待人们总结的规律是不行的，如果一直这样反对人们从自然界总结规律，简直是因噎废食。人类不可能因为害怕风浪，就将船放到陆地上，任由其腐烂。康德觉得，人应该总结自然规律，应该驾驭自然规律，应该更加安全地使用自然规律。这就如同给船只配上了一名驾驶员，这名驾驶员可以通过自己的航海技术、对大海的认知以及前人总结的航海经验来驾驶这艘船，用海图、指南针等工具做保证，让这艘船带着人们到更远的地方去。

既然船只的航行需要海图，需要航海人员的知识和技术，需要指南针，那人们驾驭规律所需要的又是什么呢？自然就是人的认识能力了。康德认为，人是有理性的，这种理性帮助人类来认识这个世界。纯粹理性批判，就是要知道，人们是否能够通过理性能力来获得足够的知识。

康德让自己的理论变得更加严谨，让自己的阐述更加清楚，但他的著作也因此变得非常晦涩难懂。曾有人提出意见，认为康德不应该将自己的观点叙述得太过复杂，更不应该将需要被否定的理论阐述得非常完整。康德的著作难懂的程度就连其他的哲学家都望而生畏，他曾将自己的作品拿给马可·赫茨看，赫茨没有看完就将稿子送还给了康德。赫茨告诉康德，如果他将稿子看完，自己也就疯了。

康德晦涩难懂的著作其实并不难总结，《纯粹理性批判》想要表达的是，人们所获得的知识，无非是将自己不断积累的经验和内心的一些判断结合起来形成的。任何事物，只要通过一定的方式被我们发现，我们就会在某种时间与空间之中对其进行认识，这种情况下所形成的就是我们的感性认识。

通过感性认识所知道的事物并不代表事物本身，因为我们对这件事物的理解是在既定的时间和空间之中的。如果是在不同的时间和空间当中，我们就难以认识这件事物，更没有办法去想象这件事物。所以，我们通过个人感官认识到的东西，不管是看见的还是听见的，又或者是摸到的，都受到了我们主观意识的影响，都是在特定条件下出现的现象，并不是事物本身。而这些事物本身是什么样的呢？我们并不能知道，因此只能将其称之为"物自体"。

我们不断地使用感性认识去认识事物，并且在自己的大脑当中将这些物体进行归类，形成一定的范畴，最终形成一个有秩序的整体。当范畴通过了种种限制，形成整体以后，那就是知性认识了。

在哥白尼提出日心说之前，人们觉得地球才是宇宙的中心。可见，人的认识是在不断改变的。康德认为，自然界究竟是怎样的，在人类彻底认识世界之前，还是由人的认识所决定的，这就是"人为自然立法"。而传统的"自然之法反映到人的头脑中来"不是理性认识，是不可靠的。康德对于自己的想法十分得意，他将其称之为"哥白尼式的革命"。

上帝在哪里存在

上帝是否存在，这一问题并非对宗教不敬。在哲学领域，如何证明上帝的存在，一直是一个难以解决的课题。在康德看来，不管上帝是否存在，至少是在人类能够认识的范畴之外的。我们的经验世界中没有上帝的存在，不管是在哪个时间、空间里，人类都不曾真实地观测到上帝的存在。所以，如果上帝真的存在，那么也是属于"物自体"的范畴。

如果我们说上帝是存在的，这个观点并不能被证实，因为我们无法在现有的世界里找到证明上帝存在的证据。我们看不到、听不到、摸不到上帝，只能说我们能感觉到上帝的存在。这种说法并不严谨，就如同我们觉得自己有一百元，并不代表我们口袋里就真的有一百元。将自己的感觉当成是真的，这是非常荒谬的。

我们不能证明上帝存在，但我们也没有确切的办法证明上帝就是不存在的。所以，康德觉得那些说上帝存在的人和说上帝不存在的人都是有一定道理的。谁也没有足够的证据去说服对方，谁的说法都有一定的道理，这就是二律背反。

上帝是否存在，这个问题引发的争论的关键点不在上帝，而在于人们如何理解"存在"这个说法。如果按照传统的思想来看，存在就是在人类已知的经验世界中可以被知道的。而上帝不是我们经验世界当中的对象，所以我们不能将存在这个概念运用到上帝的身上。存在和不存在，都与上帝没有任何关系。

康德是个幽默的人，也是个严肃的人，不管人们对康德有怎样的认识，但绝没有人说康德是个残酷的人。但就是这样一个人，将上帝从人类的经验世界，从自然领域中驱逐了出去。

康德认为在理性引导的世界当中，上帝并不存在。但是在道德的世界里，上帝是存在的，并且处在一个非常尊贵的位置。这体现在了康德的著作《实践理性批判》当中。

我们之前说过，康德有三个批判，而《实践理性批判》就是第二批判。这一批判主要针对的是人们的道德观、道德能力。什么是道德呢？在康德看来，道德是一种不计利害的行为，做一件事情，只是为了做这件事情。只有这样的事情，这样的行为，才是道德的。如果一个人一直在做好事，但只是为了自己的快乐、自己的幸福感、自己的收获，他的行为仍然是不道德的。人人都应该诚实，这是出自道德观。我们遵守诚实的准则，不是因为诚实能给我们带来财富、荣誉和名望，而是因为这件事情是正确的，是应该去做的。每个人都在遵守道德，每个人都应该诚实，所以我遵守道德，我要做一个诚实的人。

道德不是权利，不是因为有收益我们才要去做。道德应该是义务，应该是我们每个人都必须履行、不计后果去遵守的准则。康德认为，道德应该是"绝对命令"。

康德说过："世界上有两样东西，我越是思考，就越是让我赞叹和敬畏，那就是我们头上的星空和我们心中的道德准则。"

道德是要被遵守的，但是如何去遵守道德，什么才是道德，这才是问题的关键。

哪些行为应该成为道德准则呢？一个行为是否能被普遍化，是否应该被普遍化，这应该是人们制定道德准则时的标准，特别是这件事情能否放在光天化日之下让人们讨论。假如，我想要对人说谎，那么扪心自问，我开始撒谎了，如果其他人都对我撒谎，这样可以吗？显然是不行的。那么，诚实就应该成为普遍化的事情，说谎则不应该。说谎不能被普遍化，因此，说谎就是不道德的。

那么，道德准则是从何而来的呢？自然是自内而外的。外部世界带来的东西不能成为道德准则，否则人们做的事情就会有别的目的，这显然不是道德的。道德只能来自我们的内心，来自我们的认知，来自我们的主观世界。这是绝对命令，是我们自己给自己下达的命令。

如果能够不计后果地去做好事，这自然是道德的。但是世界上又有多少人能够完全做到这一点呢？特别是连幸福都不能去追求，这太残酷了，是无法令人接受的。所以，康德只能说不计利害地去做好事，加上与之相匹配的善果，好的行为和好的结果搭配起来，这才是最好的，才是在道德巅峰的善良。

想要做到出发点和结果都是好的，都是完美的，这并不容易。或许，只有上帝才能真正公正地进行裁决。所以，上帝必须存在，即便不能待在自然的世界当中，也一定存在于道德的世界里。

揭开女神的面纱

传统教会显然不满足于上帝只能存在于道德世界里，特别是康德说"上帝不能认识，只能信仰"，这句话让教会的人员特别不满意。但是他们并没有什么好的办法来制裁康德，只能将康德这个名字与狗放在一起，一时之间不少教会都有了一条名叫康德的狗。

他们的做法并没有对康德造成实质性的影响，康德仍然每天平静地生活着，悠闲而规律。康德的书在教会权力比较大的地区内成了禁书，特别是在普鲁士，国王认为康德以哲学的名义破坏了宗教的权威，甚至影响了《圣经》的权威性，便威胁康德如果继续发表他对宗教和上帝的看法，那么他将得到不愉快的后果。

这样的威胁也没有起到作用，因为康德已经失去了对宗教的兴

趣，于是他告诉普鲁士国王，自己不会再对宗教和上帝有什么说法
了。康德此时的兴趣已经转移到了政治上，他接下来发表了众多政
治见解。特别是法国大革命，对他的影响很深。他听到法国大革命
爆发的消息，居然眼含热泪，为法国大革命欢呼。康德认为，法国
大革命是正确的做法，认为这种革命方式会为法国带来和平，如果
在其他国家也进行这样的革命，那么整个世界都会迎来一个和平的
纪元。

康德是卢梭的书迷，生活无比规律的他，有几次因为痴迷于卢
梭的作品而忘记了散步的时间。他认为，卢梭的著作应该成为革命
的指导思想，如果每个国家都能按照卢梭的指导进行革命，那么全
面的民主就会到来。在这样的国家里，人们不会为了自己的利益而
去利用他人，更不会轻易地破坏道德，利用践踏他人尊严的方式来

▲卢梭雕像

获得利益。利用他人让自己获利的行为显然是不道德的，如果人们都能遵守道德，都能以不损害他人利益为目标追求自己的利益，整个世界才能获得真正的和平。

这就是康德哲学思想的最后一部分，康德曾想用自己的哲学观点来真正地认识上帝，可惜他没有做到。最终他的思想还是离不开人，离不开国家和社会。埃及有一句谚语可以形容康德的哲学之路："人们揭开萨斯女神的面纱时，看到的是他们自己。"

谁是黑格尔

    每个人对黑格尔都有自己不同的看法，大名鼎鼎的哲学家叔本华对于黑格尔的评价是很低的，他认为黑格尔是个平庸、愚蠢的江湖骗子，做事疯狂，喜欢胡说八道，并且带坏了一代人。他觉得黑格尔本人是个喜欢蛊惑人心的怪物，他的思想完全是胡说八道。黑格尔应该被送进疯人院，而黑格尔的哲学思想也应该在疯人院中传播。

    叔本华与黑格尔的渊源很深，他们曾在同一所大学工作，是同事关系。双方都是哲学家，也都认为自己的思想是对的，为了证明这一点，叔本华将自己上课的时间选在了黑格尔上课的时间。结果让叔本华非常伤心，大多数学生都选择了黑格尔的课程，叔本华被迫在第二个学期终止了自己的课程。

    不仅是叔本华不喜欢黑格尔，当时的哲学界讨厌黑格尔的人数不胜数。但是，他们又对黑格尔无可奈何，因为黑格尔的哲学论述实在是太严谨了。让人痛恨，却又让人毫无办法，这是与黑格尔生在同一个时代的哲学家们的悲哀。

    黑格尔是个早慧的人，他在中学的时候就开始思索很多哲学问题了。人们如何才能幸福、宗教、科学、女性，这些都是他所思考的东西。黑格尔成为神学院的学生后，接触了康德的思想，还遇到了两位后来成了哲学家的同好——谢林和荷尔德林。他们喜欢讨论康德的思想，也同样认为法国大革命是有着非凡意义的。每年法国大革命纪念日的时候，黑格尔都会用自己独特的方式来纪念。由于他纪念的方式就是安静地坐在一边喝红酒，人们都觉得他太过于沉默，黑格尔就有了一个"老头儿"的绰号。

黑格尔在许多方面都有建树，形而上学、宗教、艺术、历史、法律、美学，几乎每个领域的哲学他都有涉及。最令人震惊的是他能将不同领域的哲学结合起来，形成一个完整的体系。那些仔细研究黑格尔哲学的人会发现，在黑格尔的世界中，哲学是很有逻辑性的，是井井有条的。因此，人们将黑格尔的哲学思想作为德国古典哲学的巅峰。

绝对精神

黑格尔认为，这个世界上存在一种绝对精神，所有的物质、精神都是从绝对精神当中产生的，而最后也要返回到绝对精神中去。这听起来很像是宗教当中的神明，但又与神明不同。绝对精神是高贵的，是带有神性的，甚至可以说，神明如果在人间出现了，也不过是绝对精神的表现。

这个世界是绝对精神的产物，但是这个精神不是某个人的精神，不会以某个人的意志为转移。它独立于世界之外，独立于所有事物之外。它是世界上所有东西的本源，包括自然世界和人类的社会。即便这些东西是以物质的形象展现在人们面前的，但如果能够看透物质的本质，这些事物必然是以精神状态存在的，所展现出的物质形象也是精神的现象。

那么，精神的现象为什么会以物质的形态展现在这个世界里呢？黑格尔认为，这是一个正反合的辩证运动，精神在不同的阶段用不同的运动方式将人们所认识到的事物表现出来。最开始的时候，绝对精神是在纯粹的概念世界里运动的，这就是正。而概念不断外化，不断具象化，就集合成了自然界，也就是反。物质通过在自然界中的一系列运动，最终又回到了概念世界，重新以精神状态表示，这就是合。

如果按照人们的精神状况来解释绝对精神，那么个人的主观意识就是概念世界，所有的主观精神都是从中孕育的，逐渐形成了人们的个人意识。这些个人意识外化的过程，就是人们按照自己的思想改变世界的过程，也就形成了客观精神，变成了人们认识的、社会当中的不同部分。最后，主观精神与客观精神进行结合，就变成了绝对精神。绝对精神通过不断地发展变化，最终能够展现出的、人们可见的状态，也是绝对精神的原本状态，就是人们所了解到的艺术、宗教和哲学。在艺术当中，绝对精神就是感觉，就是人们在第一时间对艺术品的感觉。在宗教当中，艺术就是人们的认知形态，不管是想象的还是看到的，这些东西就是人们心中神的样子。而在哲学世界里，绝对精神就是逻辑思考，通过逻辑思考才能理解绝对精神。

简单来说，绝对精神就是创造万事万物的神秘力量，而这种创造不是一蹴而就的，是在正反合的辩证运动中不断成长、演化出来的。所以，黑格尔的绝对精神是一种客观唯心主义精神。绝对精神本身不是黑格尔对哲学的最高贡献，绝对精神的运动方式，正反合的辩证法才是，这种辩证法一定程度上表现了世间万事万物之间矛盾的本质。

黑格尔辩证法

黑格尔的思想对马克思和恩格斯的影响是很大的，特别是黑格尔辩证法当中的三大定律：质量互变、对立统一和否定之否定。

对立统一是一个动态的概念，有人觉得辩证法不过就是从不同的角度去看问题，最终将从不同的角度得来的认识结合起来。这其实是不对的，黑格尔的辩证法远不是这么简单。

黑格尔的辩证法看问题不是从不同的角度，而是要用不同的命题。正题、反题、合题，这就是正反合，就是绝对精神在不同阶段的表现。有正就有反，因此正题出现了以后必然就会有反题，而这是对立的。到了最后一个阶段，绝对精神抛弃了正题和反题，于是出现了合题。辩证法是绝对精神在不同阶段的发展过程，这是一个始终在运动的过程，是一个一直在流动的过程。绝对精神在遵守正反合的发展过程，那么绝对精神衍生出来的种种事物同样遵循着正反合的辩证发展过程。

黑格尔用一个例子让理解正反合变得更加简单：一粒麦子，这就是正题。而麦子不会一直是麦子，当麦子被种到土地里，变成了麦苗

Georg Wilhelm Friedrich Hegel.

▲黑格尔画像

的时候，它已经否定了自己，脱离了正题。也就是说，这个运动的过程出现了反题。麦苗也不会一直是麦苗，麦苗也要结出麦子，这个时候的麦子不再是麦苗，也不是原来的那粒麦子，这是经历了两个过程以后出现的合题。一只母鸡，这是正题。母鸡下了个蛋，这个蛋与母鸡是完全不同的，这就是反题。而当蛋孵出小鸡就不是鸡蛋了，但也不是之前的母鸡，摒弃了两者以后，就成了合题。

一个物体出现了，这就是正题。有了正面自然就有反面，于是就出现了反题。任何事物都有反面，无限和有限，永恒和非永恒，这都是相对的。但是，反面也只是事物的一个面，并不能代表整个事物，因此最终会被否定、被抛弃。只有将两者结合到一起，才是事物完整的一面，才是完美的。

为了更好地理解正反合，我们使用了很多浅显的比喻，这是很不严谨的。想要真正理解正反合辩证法，还是要认真阅读黑格尔的哲学著作。

存在即合理

存在即合理，这是许多人为了维护现有持续经常引用的一句话。这个命题单独拿出来看，显然是不严谨的。黑格尔说出这句话的时候，是在维护普鲁士的君主统治。这句话得到了普鲁士达官贵人的赞赏，却让很多哲学家鄙夷。一个将哲学运用于维护政治的哲学家，显然是落了下乘。

恩格斯对于这句话有更深的理解，这句话不是说存在的东西就是好的，甚至用存在的就是合理的来总结也是不对的。这句话的原文出自《法哲学原理》，原文是："凡是合乎理性的东西都是现实的，凡是现实的东西都是合乎理性的。"

黑格尔认为世界是从绝对精神中来的，万事万物的出现和发展都离不开绝对精神，那么绝对精神就是理性。合乎理性，不代表是好的，只能说是符合绝对精神的发展，是符合规律的。个人的精神活动并不在黑格尔所说的理性范畴，合理的不是好的，也不是有道理的。黑格尔思想中的现实并不是现存的，现存就是指眼下存在的东西，这个已经存在的东西就是好的吗？显然不是，甚至可能是绝对精神发展过程中意外产生的。而现实则是真正存在的、已经出现的东西。既然已经存在，那就是符合必然性，是一定会被实现的，是符合绝对精神发展规律的。

符合理性的事物是一定会实现的，但是已经实现的东西不一定是必然会出现的。现存不是现实，即便具有一定的合理性，也不代表绝对的合理。时间是考验现存还是现实的工具，如果一件东西具有不合理的特性，那么时间越久，不合理的一面就展现得越明显，达到一定程度的时候，就会被更加合理的东西所取代。而那些现存的东西，绝对精神发展中不是绝对要出现的东西，早晚会走向灭亡。

人是人的上帝

哲学与神学一直是互相纠缠的，特别是关于神明、上帝，一直是双方争论不休的领域。德国古典哲学家费尔巴哈对宗教的看法是非常激进的，他说："宗教就是欺骗！世界上的第一个骗子就是神学家！"他认为，宗教并不是与人类共生的，因为人类凭借外部的感官是无法感受到与宗教相关的东西的，眼睛无法看见上帝，耳朵也无法听见上帝。人们之所以信仰上帝，是因为社会中的人告诉其他人是有上帝存在的。

"人是人的上帝"，这句被无数哲学家奉为经典的话，就出自费尔巴哈的代表作《基督教的本质》。上帝不是伴随人类出现而出现的，而是人类将那些人类本身存在的美好性格与力量剥离出来，并且将其人性化、夸大化。当这个东西彻底从人类本身独立出来以后，就成了人们崇拜的对象。那么，能说是上帝创造了人吗？不如说是人们结合了自己的想法创造出了一个上帝。

人们为什么要创造出一个上帝来崇拜呢？因为人类的弱小和无知，对于世界充满了恐惧。当面对不理解的事情时，就觉得这些惊人的事物背后一定是有某种强大的力量在控制。而那些好的事物呢，因为人们的感恩之心，需要有一个报恩的对象。当恐惧感与感恩产生的崇敬感结合在一起，就产生了依赖感，这种依赖感是世界上所有宗教的基础。

人们害怕自己不了解的东西，所以需要一个更加强大的对象来依靠。这个依靠的对象从自然到领袖，从集体到上帝，本质上是相同的。人们会产生依赖感，是因为总是有想要的东西。无欲则刚，如果人没有所求，就不会产生依赖，没有依赖也就不会产生崇拜。可惜，人的欲望是无止境的，人总是有需求，而能被满足的需求远远没有人们本身的需求多。那些不能解决的问题，被人们渴望通过一种强大的、超越人类自身甚至超越自然的力量去解决。所以，人们幻想的天堂拥有一切世间美好的东西，人类幻想的上帝公正、强大、无所不能。

实际上，天堂就是人类所想要的一切聚合成的理想世界，上帝就是人类将自己所有美好品质和力量结合起来加以夸张的结果。上帝强大、睿智、公正，但本质上跟人没有什么区别。

只有一个马克思

　　卡尔·马克思的大名享誉中外，在评选 1000 年里最伟大的学者时，马克思得到的肯定超过了爱因斯坦。显然，马克思是人类近现代历史上最伟大的哲学家、思想家之一。

　　马克思的父亲是一名律师，因此，马克思在大学时学的科目也是法律。他拿到了法律学士学位，博士时攻读的则是哲学。马克思毕业后成为一名报社编辑，他的政治观点非常尖锐，所以没多久就丢掉了工作，被迫离开德国，去了法国巴黎。在巴黎，他遇到了自己一生的挚友恩格斯。

　　法国是西方国家中最先开始革命的国家，并且将革命变成了一种传统。马克思是工人集会的常客，与许多在法国的各国革命家建立了友谊。这段经历是马克思创立出共产主义思想的主要因素。马克思的思想对于资本主义政府来说显然是危险的，法国政府很快就将其驱逐出境了。无奈之下，马克思只能到布鲁塞尔居住。在布鲁塞尔，马克思发表了他的著作《哲学的贫困》，引起了轩然大波。第二年，他与恩格斯一起起草了《共产党宣言》，这部伟大的作品彻底改写了人类的发展史。

　　马克思的思想让资产阶级产生了恐惧，他的晚年一直过着颠沛流离的生活。他难以找到工作，各国政府的爪牙一直在用各种方式诋毁、诽谤马克思。坚韧的马克思没有退缩过，他一直在进行哲学、经济和政治方面的研究，为世界上被压迫的无产阶级提供理论武器。他的生活由恩格斯全力支持，可以说，没有恩格斯，马克思是难以全身心地投入思想研究上的。

▲ 马克思与恩格斯雕像

夜以继日的工作，反动政府的压迫，这些都让马克思的身体日渐衰弱。他的晚年是在病痛之中度过的，最终于1883年3月14日走完了自己伟大的一生。

批判的武器与武器的批判

马克思在担任报社编辑的时候发表了自己关于政治的偏激言论，导致报社被政府查封。此时的马克思已经明白了，资本主义政府所表现出的开明与温情只是表面上的，它不会给人民自由和仁慈，它的本质是残暴的专制政府。黑格尔认为，国家是人类社会当中最合理的东西，马克思开始觉得黑格尔的说法有问题。在绝对精神中，只有合乎理性的东西才是现实的，而国家的出现并不那么合乎理性，所以只能说是现存的。也正是因为这种想法的出现，马克思撰写了《黑格尔法哲学批判导言》。

马克思认为，人类的目标是要达成全人类的解放，而只有废除了私有制才有可能达成这一目标。资产阶级是无法完成这一使命的，

Karl Marx.

▲ 马克思画像

只有无产阶级才能。而无产阶级想要完成这个任务，社会革命是不可避免的。在这场革命当中，无产阶级必须掌握批判的武器，还要进行武器的批判。

武器的批判，也就是运用实际存在的物质，在现实当中进行战斗。而批判的武器，就是要占据舆论的高地，在理论上也拥有强大的武器，武装自己的头脑，让更多的人参与到社会革命中。

武器的批判与批判的武器，虽然是完全相同的几个字，但顺序不同就说明这两者是不能互相替代的。现实层面的物质障碍就只能用物质来摧毁，而理论上的障碍就必须用理论来消除。拿起武器进行战斗是社会改革、无产阶级革命的必然途径，但只有武器的批判是不够的，还要用批判的武器来说服其他人认同革命，来找到正确的革命道路。

问题在于改变世界

在马克思被法国政府驱逐，被迫从巴黎迁居到布鲁塞尔以后，他写下了《关于费尔巴哈的提纲》，这份提纲是非常重要的，因为在这份提纲中阐明了实践的根本作用和地位，实践是检验真理的标准。在这份提纲出现之前，没有哲学家注意过这一点。

在哲学界，对于"认识"的普遍认识是人们对于客观事物的消极反应。人的认识就如同镜子当中的投影，是主观的。而客观事物与我们的认识并没有太大的关系，或者说两者是分离的，是对立的。因此，之前哲学家们提出如何去认识世界，如何去理解世界，全都是建立在空谈之上，并且完全不考虑改造世界这一最终目的。

马克思认为，客观世界需要我们认识，需要我们理解，但同样需要我们去改造。人类只有在实践当中才能完全地认识客观事物，如果脱离了实践，那么人的认识是否正确则是无法被证明的。所以人的思维是否具有客观的真理性，这不是认识上的问题，而是实践问题。如果没有了实践，那么任何关于认识客观事物的讨论不过是传统老旧的哲学问题。

事实证明了马克思是正确的，实践对于认识世界、理解世界和改造世界都是非常重要的。在马克思主义哲学中，实践同样具有决定性的地位，也是一切理论的基础。马克思认为，任何理论都是为了指导实践而诞生的，这就导致了马克思的哲学思想与过去的哲学思想有着根本性的差别。就如同马克思在《关于费尔巴哈的提纲》当中所说的，哲学家们用不同的方式来解释世界，但我们要面对的问题是改变世界。

一半天才，一半疯子

如果说哲学家的圈子当中最多的是与众不同的怪人，那么叔本华就是众多怪人之一。他的傲慢远超同行，当他的思想不能被人理解的时候，他的选择不是解释，不是与人争论，而是冷嘲热讽。当然，他的同行们也都不是善类，因此他遭受的冷嘲热讽和白眼远比给出去的更多。

叔本华蔑视女性的思想和他高傲自大的个性导致了他一生的孤独，没有几个朋友，更没有妻子儿女。他如同游离在这个世界之外，与这个世界上的大多数人都不相同。

叔本华本人也不想要孤独一生，虽然他傲慢自大，不屑与人来往，但他非常崇拜歌德，与歌德成了忘年交。歌德是他母亲的朋友，是他母亲举办聚会的常客。只要歌德到场，叔本华就会收起不可一世的样子，变成一个谦恭的晚辈。歌德也非常看重叔本华，他曾在一次聚会上对叔本华下了定论，说叔本华将来会超过在场的所有人。

当叔本华成为柏林大学的学生时，他的傲慢更进了一步。他是费希特的学生，当他听了几堂课以后，就觉得费希特是个不值得他欣赏的人。但是，他仍然一堂不落地去听课，只为能在费希特的课堂上找出他的错误，并且当堂指出，用自己的辩才羞辱他。因此，在其他人拼命记课堂笔记的时候，叔本华却在笔记本上写满了批判费希特的话。

叔本华的确拥有过人的才华，当他以博士的身份从柏林大学毕业后就开始了属于自己的创作。他花了四年时间创作了不朽的《作为意志和表象的世界》，这部著作是叔本华一生智慧的结晶。他余生中的其他作品不过是为了解释《作为意志和表象的世界》而已，也正是因为这部作品，他成了唯意志论的祖师爷。

Artur Schopenhauer.

▲ 叔本华画像

在古典哲学中，理性是世界的本源，所以人类应该生活在理性之中。叔本华认为，理性并不是世界的本源，意志这种非理性的东西才是。意志可以为人类提供生活的动力、生存的动力。这个思想在当时并不被人接受，一直到叔本华晚年，人们才愿意正视这个结论。他成了知名的哲学家，拜访叔本华的人络绎不绝。

叔本华的行为和思想是极端的，是疯狂的。但不可否认的是，从这些疯狂的思想中又能提炼出宝贵的哲学理论。因此，一个真实的叔本华就是疯子与天才的结合体。

因为爱欲，所以痛苦

叔本华认为意志才是世界的本源，是世界存在的基础。我们存在的世界不过是意志的体现，是意志的表象。我们看到的世界都是我们意志的体现，是意志的表象。

当人类想要生存下去的时候，意志就驱使着人类寻找食物，为了更好地生活去努力斗争，对于生活当中美好事物的创造来源于此；而那些不好的占有、战争、掠夺、破坏，也体现了意志的本质。意志本身没有好坏，没有方向，也没有界限。它来源于人们的欲望，是每个人都要服从的对象。

意志就是欲望，欲望就是人类的本性。欲望是我们想要得到的那些我们现在没有拥有的东西。欲望是由于缺乏，而缺乏又让人产生痛苦，这种痛苦是人类必然要承受的。当人的欲望得到满足的时候，就会缺少追求，进而产生无聊的情绪，而无聊又催生了新的痛苦。即便满足了既有的欲望，也会有新的欲望如雨后春笋一般不断出现，因此又会产生新的痛苦。意志是不能剥离肉体单独存在的，有生命就有意志。世界上存在的意志无穷无尽，个人的生命却是有限的。因此，想要依靠个人的生命去满足意志，是不可能的事情。

叔本华的想法是悲观的，他认为人的欲望是无穷尽的，所以，只有看透生命的虚无本质，放弃所有的欲望，进入佛教中的"涅槃"境界，人类才能解脱。叔本华的哲学思想是悲观的，对于自己的思想能否被推广却十分乐观。即便是在他人生绝大多数的时间里都没有被认同，他仍然坚信自己的作品会流芳百世。事实证明他是正确的，在他晚年期间唯意志论大行其道。在他死后，叔本华这个名字更是在德国各大学院中取代了黑格尔，成为人们最热衷于谈论的哲学家。

"上帝已死"

如果说康德将上帝驱逐出了自然世界已经是大逆不道的行为，那么"杀死"上帝这一行为就更加惊世骇俗了，更别说这个人出自传统的宗教家庭，祖上七代都是牧师。这个人是谁呢？他就是来自德国的尼采。

尼采小时候看起来并不聪明，他学说话学得比普通的孩子慢，相比谈论，他更喜欢观察。他的父亲很喜欢他，因为他的安静让他看起来格外沉稳。在尼采7岁时，疼爱他的父亲去世了，这对他造成了非常沉重的打击。从那以后，围绕在他身边的只有母亲、妹妹和两个姑姑。长于妇人之手的尼采自然缺少男子汉的阳刚之气，他的性格腼腆害羞，不喜欢与陌生人接触，书本是他最好的朋友。当时任何认识他的人都难以想到，他会成为一个狂热的反基督教的人，一个狂人。

打开尼采哲学世界大门的是叔本华，叔本华去世的第六年，尼采买到了叔本华智慧的结晶——《作为意志和表象的世界》。尼采马上就痴迷了，他接受了叔本华意志本源的理论，却不认为这是一种悲观的思想。他觉得意志能够带来的东西是积极的，是坚韧的，是在不断生长的，是不可抑制的。他认为这种蓬勃向上的意志就是"权力意志"，而人们就生活在"权力意志"的支配之下。

基督教的思想显然与尼采主张的权力意志不同，基督教希望人

Friedrich Nietzsche.

▲尼采画像

们安于现状，认同自己生来就是有罪的，不要反抗命运。在尼采的眼中，这种思想就是在扼杀人性，扼杀人们最原始的冲动，扼杀人类与生俱来的自由。弱者需要的是让自己强大起来，而不是等待强者的怜悯，基督教所提倡的道德是一种奴隶的道德，是与人性相悖的。

尼采希望人们能够自强，能够超越自我，能够将自己的生命力、创造力发挥到极致，能够将权力意志贯穿始终。世界不属于神明，不属于上帝，而是属于有血有肉的人。所以，尼采高呼："上帝已死，我们现在希望超人诞生！"

第八辑

200 年的现代舞台

最大多数人的最大幸福

"功利主义"是西方哲学史上的一个重要流派分支，产生于18世纪末19世纪初。

这一理论的奠基者是苏格兰启蒙学派代表人物弗兰西斯·哈奇森，他认为，"最好的行为就是给最大多数的人带来最大的幸福"。数十年后，英国政治思想家边沁在其著作《道德与立法原理导论》中主张评判一种行为的对与错，最主要是要看它能否使人们产生快乐和幸福，所谓正确的行为应当最大限度地为人们带来快乐和幸福，并最大限度地使人们减少痛苦和不幸。

"最大多数人的最大幸福"，一切价值都服务于这一目的，这是"功利主义"的原理，像哈奇森和边沁这样的哲学家们则被称为"功利主义者"。

在汉语语境里，"功利"是一个带有贬义的词语，我们经常形容一个人"太过功利"，就是说其过于关注眼前的功效与利益。其实这是十分肤浅的认知，在边沁的理论里，"功利"不是道德的沦丧，反而是道德的伸张。衡量和评价一个人的道德是否高尚，主要依据就是看他的行动是否赢得了最大多数人的最大幸福。"功利主义"旨在追求个人、社会、人类整体的幸福，这一理论为法律和社会政策的制定奠定了基础，对英国的政治产生了深刻而持久的影响。

"功利主义"体系庞大，最具纲领性的有如下三个原则。

第一，"功利主义"不考虑行为的动机与手段，只根据行为的后果判别对和错。办错了事情，即便你是出于好心，也要受到谴责。相反，如果动机不良，却促成一件好事，那么也会得到表扬。

第二，到底什么是好事，什么是坏事呢？"功利主义"认为人性趋乐避苦，能让人感到快乐的就是好事，让人感到痛苦的则是坏事。

第三，"功利主义"虽然强调个人利益，但是没有谁的幸福会比别人的幸福更有价值，所以使与之利益相关的大多数人都获利，才算真正符合"功利原则"。

"功利主义"的产生和发展，受到欧洲启蒙思想运动的影响，吸取了当时自由、平等的人权观念，而这句"最大多数人的最大幸福"广为流传，以至妇孺皆知。

你挥舞拳头的自由到我的鼻子为界

说到地球上对人类文明贡献最大的群岛，相信不少人会第一时间想到地中海沿岸的爱琴海诸岛。事实确实如此，爱琴海的希腊文明是西洋文化之母，是古典世界的智慧之峰。黑格尔曾说："凡是满足我们的精神生活，使精神生活有价值、有光辉的东西，我们知道都是从希腊直接或间接传来的。"

除此之外，英伦三岛也不容忽视。英伦三岛造就了三个进步的历史潮流，即近代工业革命、自由主义与法治主义，现代文明的发展史上不乏英国人的名字。作为世界上的第一个现代化国家，英国的文化传统中充满"自由"的因素。其中，英国经济学家约翰·斯图亚特·穆勒为"自由"注入现代意识。

"自由"是近代西方思想的关键词，诸多近代举足轻重的人物对其进行了不同角度、不同层次、不同方面的阐释。比如，英国的阿克顿勋爵曾说："自由，从2460年以前在雅典播种以来，就仅次于'宗教'而成为'善'的动力和'罪恶'的常见托词。"西方的大神学家奥古斯丁在早期著作《论自由意志》中也曾探讨过人的自由意志问题；雅典执行官梭伦颁布"解负令"使奴隶重新恢复自由身；康德和黑格尔这两位德国古典哲学家更是将"自由"当作意志的本性……

穆勒所说的"自由"究竟是什么？概况来说，它包括三个要素。

第一，"自由"的内涵。穆勒认为，真正的"自由"不是形而上学意义的某个概念，也不是人在意志上不受他人的强制，而是人在现代生活中所拥有的种种权利，有选择自身行为的自由。从政治与法律层面来看，自由是一个哲学命题。

第二，"自由"的主体。"自由是按照我们自己的道路去追求我们自己的好处的自由"，根据穆勒的这句话，不难看出自由是"我的"自由，这是政府和其他人不能随便干涉的私人领域。在这个领域中，自己是最高的主宰者，有权选择自己的行为。政府虽然是维持秩序不可或缺的公共力量，但又往往热衷于滥用自己的权力。在这种情况下，自由就是防御统治者的暴虐，这是一种对抗政府权威的力量。

第三，"自由"的程度。"人生而平等"，这是自由的前提。因为我们每个人都是平等的，所以我有我的自由，你也有你的自由，我们都可以选择自己的行为，也有权不遭受他人的侵害。因此，你尽可以在你的私人领域张牙舞爪、拳打脚踢，但是你的自由必须停留在我的空间之外，你挥舞拳头的自由到我的鼻子为界。

"实证主义"掌门人——孔德

人类之所以能够进入现代社会，很大程度上是因为我们将自然科学作为最主要的工具，遵循自然科学的法则来认识这个世界。

其中一个重要的方法是，通过对现象进行大量观察，以数据和事实说话，概括出具有普遍性和一般性的结论，再拿着结论到实践中去检验，这通称为"实证的方法"。现代不少哲学家主张用自然科学的实证方法解释社会、探讨哲学，并建立了系统完整的科学理论，他们被称为"实证主义者"。

法国哲学家奥古斯特·孔德是"实证主义"的第一代掌门人，他认为，当代哲学不应该是宗教的、神学的、形而上学的等不着实际的概念，也没有必要讨论世界观、本体论，而应该给人们提供实在的、有用的、确定的、精确的知识，从讨论"世界为什么是这个样子"，转向讨论"世界是什么样子"。

在孔德这里，哲学不同于具体的自然科学，而是一门用来发现世界一般性规律的科学，是"关于科学的科学"，这正是现代意义上的"社会学"，也是西方哲学由近代转入现代的重要标志之一。

从古至今，随着时间的推移，社会环境不断发生变迁，之前人们将这一现象视为神的意旨，而孔德提出，自然要用实证的态度去研究，社会也要用实证的态度去研究。他把社会当作一种可以用科学方法研究的现象，认为有关社会的知识不能盲目信仰，而是需要实践经验的总结和概括。

　　《实证哲学教程》是孔德的代表作品，全书共6卷，系统地论述了实证主义的认识论基础。正是受到此书的影响，英国自然科学家达尔文搭乘"贝格尔号"舰开始了历时5年的环球科学航行，在实证考察的基础上写出《物种起源》一书，彻底改变了人类认识自我和看待世界的方式。

一个关于"综合"的梦想

19世纪下半期，英国最受人瞩目的人物之一，便是赫伯特·斯宾塞。虽然斯宾塞没有接受过系统的哲学教育，甚至没有研究过其他哲学著作，却一直有着创造一部"综合哲学"的梦想，其著作的《第一原理》《生物学原理》《心理学原理》《社会学原理》《伦理学原理》等，几乎囊括了所有知识类型。

斯宾塞的父亲和叔父是教育家和社会改革家，他年纪很小的时候就从他们那里接触并学习到了一些粗浅的自然科学、医学、化学等方面的知识，并和父亲一样涉猎广泛，喜欢借用各种理论来构建自己的认知体系。

为了完成"综合哲学"，斯宾塞试图用进化论和实证主义的观点解释一切事情，并由此搭建了一个相对完整的实证主义体系。38岁那年，他草拟出一份关于"综合哲学"的提纲，之后的43年都在

▲赫伯特·斯宾塞画像

从事这份工作。

斯宾塞由于缺乏系统性和全面性的知识，往往借助于二手材料进行研究，并且把整个思想建立在进化论的基础上，又不加反思，比如根据自然界"物竞天择，优胜劣汰"现象，解释社会现象和经济现象，由此形成了名声不好的"社会进化论"。

"社会进化论"的一个简化观点是，人与人之间、国与国之间一直存在"生存竞争"，那些适于生存规律和生存环境的民族，往往能够在竞争中获胜，就是优等民族。那些不适于生存规律和生存环境的民族，就是劣等民族，应该受到优等民族的统治。这是一种多么冷酷的理论。

不止如此，冷峻孤傲的斯宾塞还会将美妙的生活"科学化"，比如他曾用一系列客观的数字描绘尼亚加拉大瀑布的壮观景象："瀑布高160英尺，据测其每小时流量为1亿吨，也就是说，每秒流量为2700吨。大瀑布的厚度有20英尺……瀑布底部的侧面压力为每平方英寸15磅……也就是说，直接承受瀑布冲击的岩石每秒钟要受到2万吨的冲击力，水流以每秒100英尺的速度倾泻而下。"

在感情方面，亦是如此。斯宾塞因过于理智而淡漠情感，一生未婚，无儿无女。据说，一位年轻漂亮、仪态优美的女士曾对斯宾塞心生好感，但斯宾塞毫不理会，理由是"我不喜欢她，因为凭借我的颅相学知识，她头颅的模样不好看"。有人问斯宾塞一生独身是否后悔，他笑着摇摇头，平静地回答："人们应该满意自己所做出的所有决定，我为自己的这一决定感到满意，因为我深切地知道，这个世界上的某个地方的某一个女人，恰恰因为没有做我的妻子而获得了幸福。"

在战栗中生存

丹麦宗教哲学心理学家索伦·克尔凯郭尔，生于哥本哈根一户经营羊毛业的商人家里，他的父亲是一位虔诚的基督教徒，平日喜欢读书与研讨哲学等宗教问题。在克尔凯郭尔的眼里，父亲是一个完美无缺的人，他曾如此赞叹："一种全能的想象力与一种不可抵御的辩证法，在父亲身上绝妙地结合到一起。"

然而不久，克尔凯郭尔通过父亲的酒后醉话，得知父亲早年在男女关系上的风流韵事。如此虔诚与圣洁的父亲，竟然做出过荒唐的事情？这令克尔凯郭尔感到十分震撼，这是对上帝的欺骗，父亲的高大形象一瞬间突然坍塌，从此他荒废了神学研习，开始过起纨绔子弟的浪荡生活。

不久，克尔凯郭尔得知了一个更震惊的事实：父亲曾诅咒过上帝！那几年，母亲及兄姐接连去世，克尔凯郭尔联想到这些顿时不寒而栗，"这一定是上帝给我们家的惩罚"。毫无疑问，自己也不能幸免于难。他断定，上帝一定会让自己死在父亲前头，自己不会活到34岁，也就是耶稣死亡的年龄。

"原罪"是基督教最重要的教义之一，这一教义认为任何人天生即是有罪的。对此，克尔凯郭尔以前的感受并不深切，不过现在他真正感受到了——自己是有罪的，应该受到惩罚。接下来的日子里，克尔凯郭尔虽然像正常人一样生活，但内心无时无刻不被存在于世的恐惧、忧郁和战栗所控制。

1837年5月，克尔凯郭尔结识了列琪娜·奥尔森，他们彼此深爱着对方，四年后顺利订婚了。这是一段美好而愉悦的经历，然而就在订婚后的第三天，克尔凯郭尔想起主宰命运的"原罪"，再次陷入昔日的忧郁和烦恼之中。他把想象当成了现实，不断向自

▲ 索伦·克尔凯郭尔画像

己提出"有罪？无罪？"的问题，他认为自己应当给未婚妻以自由，不能用婚姻束缚她一辈子，于是冷静而坚决地解除了这场婚约。

两个人的关系正式破裂，后来列琪娜·奥尔森嫁给了别人，这是克尔凯郭尔一生中最大的事件，他感到痛苦异常，整夜躺在床上哭泣，每天都在想念她……这些伤感和痛苦给克尔凯郭尔留下巨大的精神创伤，影响了他的整个后半生。

备受痛苦的煎熬和折磨，克尔凯郭尔开始思索"人的存在"这一问题。他从自身的生活体验中提取人的概念，成为一个存在主义的哲学家。然而，由于他以个人的非理性的情感，特别是忧愁、恐惧、绝望等悲观情绪代替对外部世界和人的理智认识的研究，得出的结论充满了矛盾和彷徨。

随后克尔凯郭尔又发现，生活充满了各种各样的可能性，人只有在身心恐惧的时候，才能发现自己拥有选择的"自由"。但这种自由并不能使人摆脱痛苦，也不能让人找到一个安全、宁静的"港湾"，于是克尔凯郭尔推断出——"当一个人面对上帝时，灵魂才能得以安顿，平息内心的战栗"。

轴心时代

1883年，马克思去世的同年，德国著名哲学家卡尔·西奥多·雅斯贝尔斯诞生了。

每一个前往拜访雅斯贝尔斯的人，无一例外都会看到这样一幅场景：雅斯贝尔斯坐在一个沙发椅中俯视着你，有一种高高在上好似亲王的感觉。他会亲切地和你谈论有关上帝、世界和人类的知识，也会真诚地阐述自己的种种观点，但有人觉得这种仪式化的小把戏虽然威严，却让人顿生凉意。

不过，一旦熟知雅斯贝尔斯后，这种想法就不复存在了。这并非雅斯贝尔斯刻意为之，而是因为他年幼时得过一种怪病，使他无法做剧烈的运动。他很少外出活动，除了公务，从没有去过公共场所。由于长期过着单调的生活，雅斯贝尔斯性格有些孤僻，不善社交，对其他人怀有一种戒备心理。

但是雅斯贝尔斯勤学好问，在事业方面一直兢兢业业，曾与社会人文学者进行数次大讨论，形成了一个著名的命题——"轴心时代"。

在1949年出版的《历史的起源与目标》一书中，雅斯贝尔斯第一次把公元前800年至公元前200年称为人类文明的"轴心时代"。

这个"轴心时代"，是人类文明精神的重大突破时期，各个文明都出现了伟大的精神导师——古希腊的苏格拉底、柏拉图，印度的释迦牟尼，中国的老子、孔子……虽然他们提出的思想原则并不相同，塑造了不同的文化传统，虽然他们之间有着千山万水的阻隔，却也有着很多相通的地方。

比如，中国、古希腊、以色列和印度的古代文化主张让更多的人实现"终极关怀的觉醒"，以理智的方法、道德的方式看待所处的世界，同时也产生了宗教信仰，这些都是对原始文化的突破和超越。不同的文明有不同的侧重点，这也决定了今天的西方、印度、中国、伊斯兰世界不同的文化形态。

与此同时，像巴比伦文化、埃及文化这些古文明，虽然一开始规模宏大，灿烂辉煌，但是由于没有实现超越突破，最终难逃消失的命运。

这些"轴心文明"一直延续至今，孕育了现代社会。每当人类社会面临危机或新的飞跃的时候，我们都有必要回顾一下那个时代，好好听听先哲们是怎么说的。

人但有追求，世界亦会让路

"新的世界是自由的个人之间相互合作而构成的，人们要在生活中遵守人道主义的原则，去积极而热情地生活……"

这段关于个人解放和普遍宽容的宣讲，出自1838年7月哈佛大学神学院的一场演讲，后来有人将之称为"美国的道德宣言""美国人的福音"，这篇福音的传播者正是以引领19世纪中叶的美国超验主义文艺复兴运动而闻名于世的美国哲学家、演讲家、散文作家和诗人拉尔夫·沃尔多·爱默生。

美国是一个由移民组成的国家，这块土地是靠拓荒者的脚步踩实的。爱默生出生在一个拓荒者家族，虽然家境并不富裕，但有着良好的教育传统。母亲希望爱默生长大后成为一名牧师，于是把他送进哈佛大学。后来，他顺利成为波士顿第二教堂牧师，这是当时在新英格兰占优势的唯一神教派。

然而，爱默生因不赞成这一教派的某些教义，毅然放弃神职，开始外出游历。他首先前往欧洲，先后拜访了浪漫主义运动的先驱人物兰道尔、柯尔律治、华兹华斯等人，并与卡莱尔结为知己。不久以后，爱默生渐渐理解了卡莱尔的哲学，认为卡莱尔和许多人一样，只盯着旧大陆过去的辉煌，而忽视新大陆欣欣向荣的美好景色，他对这种故步自封的思想感到失望，从欧洲败兴而归。

这些经历也启迪了爱默生，让他逐渐清晰地认识到，美、快乐、勇气、自由、进取是每个人都应该拥有的生活，而美国没有传统的重负，又需要积极进取才能生存，无疑是自由而充分发挥自身能力的一块乐土，这种朝气蓬勃的生活态度让爱默生对人生、对国家充满了希望和信心，"人的眼睛长在前面，而不是长在后面。我们美国人要成为开拓者和教师，创造美国式的思想和生活"。

▲ 拉尔夫·沃尔多·爱默生画像

关于这种"美国式的思想和生活"，爱默生给出的解释是，承认每个人的价值，承认每个人工作的价值。相对欧洲而言，美国没有经历过等级制度，每个人都是平等和伟大的，都可以为自己的梦想奋斗，享受生活，享受失败。爱默生写作的主线，即拓荒者的坚强和勇敢、振奋和骄傲。

"人但有追求，世界亦会让路"，爱默生肯定人的价值，这是一种属于新大陆的哲学，一种有血有肉的新道德。

现代逻辑之父——弗雷格

19世纪之前，亚里士多德的逻辑体系在西方传统文论中的地位一直稳如基石。当时人们对"逻辑是什么"没有实质性的结论，而且普遍认为逻辑是思维的规则。正如德国著名哲学家亚瑟·叔本华所言，"臂膀没有关节的话就不能弯曲，同样，没有逻辑规则和方法的运用，思维就不可能连贯地进行"。

直到后来，德国人戈特罗伯·弗雷格提出关于逻辑的一系列新看法，推翻了亚里士多德的逻辑体系，给传统逻辑学带来革命性的变革。

弗雷格被后人尊称为"现代逻辑之父"，他也是一名擅长数学的学校教师。年轻时，弗雷格先是进入耶拿大学学习，两年后转至哥廷根大学，拿到博士学位后正式成为一名数学教授，直到退休。他用哲学的眼光看待数学，是第一个把数学和逻辑紧密结合起来的哲学家，是数理逻辑和分析哲学的奠基人。

简单地说，弗雷格的数学哲学思想有三条基本原则。

第一，弗雷格否认数学来自经验活动，强调数学是先天的真理。因为一个智力正常的人即便没有相关的经验活动，也完全可以掌握数学的运算规则。

第二，这一点在任何时间、任何地点，任何人都可以做到，说明数学真理既是客观存在的，也具有普遍的有效性。

第三，数学是逻辑的一部分，所有的数学都可以划归为逻辑。

之所以这样说，是因为弗雷格发现，所有的数学证明按照一定的前提，按照设定的规则，就可以推导出结论。然而问题是，这些前提就一定正确吗？这些规则就真的有效吗？如果这些不能合理地被证明，整座数学大厦就没有了所谓的根基。为了消除人们的这种疑虑，弗雷格想证明这些假设和方法都是可以从基本的逻辑原理中推导出来的，一旦这点得以证明，数学便如同有了稳固根基。

在这个过程中，逻辑充当了一个非常关键的角色。

正如弗雷格对"逻辑"的理解，逻辑根本不是"思维的规则"，甚至与人的思维毫无关系，它是一种独立于人的思维的存在。虽然我们可以认识、学习、运用逻辑，但说到底"逻辑"是不依赖于人而存在的客观，"逻辑"和"做出逻辑的判断"是两码事，即"逻辑命题"是一种客观真理，而"做出逻辑的判断"则是主观活动，我们只有以客观的"逻辑"为基础，才能做出主观上的"逻辑判断"。

除此之外，弗雷格在逻辑学上的成就还包括区分了"意义"（含义）和"意谓"（所指）两个概念。一个词指代一件东西（意谓），这就是这个词的功能，这是当时人们的普遍认知；但是弗雷格认为一个词除了可以指代一件东西（意谓），还有自身所具有的特定的含义，也就是意义。

比如，"水星是离太阳最近的行星"。在这句话里的"水星"和"离太阳最近的行星"虽然指的是同一事物，但是它们毕竟是两种不同的说法，如果直接说"水星"容易让人联想起一些人文知识，而说"离太阳最近的行星"则是一种科学知识的表达，所以很有必要在逻辑上进行区分。

弗雷格在耶拿大学数学系任教44年，利用业余时间先后出版

《概念文字》（1879）、《算术基础》（1884）、《算术的基本规律》。在这些著作中，他将哲学逻辑引入数学体系进行表述，但这些思想在当时并没有被理解和接受，直到多年以后，罗素"发现"了弗雷格，才将他的思想传递给全世界。

最高尚、最受人爱戴的哲学家——罗素

如何成为一个真正的哲学家呢？对于这一问题，有人给出了一个有趣又智慧的回答："至少需要具备两个条件：一是你活的时间要长，二是你要不断地发出自己的声音。"

在这一方面，英国哲学家伯兰特·罗素就是一个典型代表。从1872年到1970年，罗素活了整整98岁，是西方哲学家中最为长寿的人。在漫长的一生中，他不遗余力地满世界宣讲自己的各种思想，直到逝世的前几天，他还发表了一篇重要的政治声明，谴责以色列袭击埃及和巴勒斯坦的难民营……

作为20世纪最重要的哲学家之一，罗素享有"最高尚、最受人爱戴的哲学家"的美誉。同一时期，奥地利哲学家维特根斯坦也很伟大，但是英国人却不以为然，常以罗素为傲。在一本讨论维特根斯坦的书籍中，英国哲学家艾耶尔这样赞叹道："维特根斯坦如此伟大，以至于成为仅次于罗素的哲学家。"

罗素是一个精力充沛的人，他曾在自己的自传中写道："有三个简单而强烈的热情决定了我的一生：对爱的需求，对知识的渴求和对人类苦难不可遏制的同情。"

这种说法是比较贴切的，罗素一生中经历了四次婚姻，第四次婚姻时他已年届八旬。他的一生不仅在哲学、逻辑和数学上成就颇丰，在政治学、社会学、教育学和文学等许多领域也有所建树，比如他的文字优雅流畅、机智幽默，堪称现代英语写作的典范，还获得了1950年的诺贝尔文学奖。不过显而易见，他在数学和逻辑学上的成就更为瞩目，是数学"逻辑派"的重要领袖。

此外，罗素还是一名自由主义者，在政治动乱、社会敏感的时期，他发表过不少对社会和时局的看法，并一直致力于世界和平事业。1915年他因参加反战活动，被剑桥大学解除教职，还被政府宣判为有罪，之后又因批评政府住了半年监狱……1955年在爱因斯坦的支持下，他发表了著名的《罗素–爱因斯坦宣言》，号召各国著名科学家参加一个世界性会议，商讨采取什么实际行动来应对人类面临的核武器危机；1961年，罗素因组织非暴力反抗运动被法庭判处一周监禁……

身为语言分析学派的主要成员，罗素反对那些既不能证实也不能证伪的形而上学的思考，提倡讨论数学或逻辑这些比较确定的东西。他认为，逻辑属于"能被思想理解，却不能被思想所创造的独立的世界"，他和怀特海合著的《数学原理》被称为"现代数理逻辑的奠基石"。

◀伯兰特·罗素画像

伟大的事业需要聪明和清晰的大脑，"不要害怕思考，因为思考总能让人有所补益"，罗素善于思考，勤于学习，他的成就多是在青年时期和中年时期所获。俗话说"大脑越用越灵"，80多岁时他的头脑依然清晰，还调侃已经90多岁的老师怀特海"真是老糊涂了"，而怀特海反过来说罗素"还是不成熟"。

哲学的哲学家——维特根斯坦

　　路德维希·维特根斯坦是20世纪最有影响力的哲学家之一，他出身于一个赫赫有名的犹太家族中，却没有纨绔子弟的作风，而是一个令人费解的"怪胎"。

　　身为亿万富翁的父亲去世时给维特根斯坦留下了一笔丰厚的遗产，他却把所继承的遗产匿名捐献给多位科学家、艺术家和诗人；之后从事了多种职业，如士兵、机师、建筑师、小学老师、大学教授；同时他还制作过缝纫机，造过飞机发动机，设计过楼房；他的单簧管水平也是专业级别的，用"多才多艺"来形容一点都不为过。当然，维特根斯坦最为显著的成绩在哲学方面。

　　维特根斯坦富有激情和创造力，一直特立独行，追求自我、实现自我、满足自我，与其说他是一位"分析哲学家"，不如说他是一位"哲学的哲学家"。

　　1911年，维特根斯坦进入剑桥大学三一学院读哲学研究生，成为罗素的学生。据说有一天他认真地询问罗素："老师，您看我是不是一个十足的白痴？"罗素问他为什么这样问，他解释说："如果您觉得我是，我就去当一个飞艇驾驶员。如果您觉得我不是，我便立志和您一样，成为一个哲学家。"

　　罗素不敢轻易断言，于是要维特根斯坦写一篇论文，只要写他自己感兴趣的题目就行。没过几天，维特根斯坦把论文呈交上来。

罗素读完大为赞叹，称遇到了一位天才，于是劝他无论如何都用不着去开飞艇。在回忆录中，罗素曾说："与维特根斯坦的相识是我一生中最令人兴奋的智慧探险之一。"

维特根斯坦还是大哲学家摩尔的学生，摩尔和罗素同是哈佛大学的教授，有一天罗素问摩尔谁是表现最好的学生。摩尔毫不犹豫地说出了维特根斯坦的名字。至于原因，摩尔的理由是"在我讲课的时候，只有维特根斯坦看上去总是一副困惑的神色，而且他总是提出一大堆的问题"。

申请剑桥博士学位时，维特根斯坦拿出自己的不朽著作《逻辑哲学论》，答辩主持人罗素和摩尔问他："你一会儿说关于哲学没什么可说的，一会儿又说有绝对真理，这不是矛盾吗？"维特根斯坦坦然回答："别急，目前谁也搞不懂这一点，包括你们。"最后，罗素和摩尔一致让他通过答辩。

毕业时的维特根斯坦在现代西方哲学界已经独树一帜了，他却跑到奥地利南部的山区乡村里从事小学教师职业。在那些小学生的眼里，维特根斯坦不仅敬业尽职，而且对学生们满怀关爱。在教学过程中，他知道如何吸引孩子的注意力，比如用富有趣味的实例解释原理，带着孩子们组装蒸汽机，用显微镜辅导学生观察动物骨骼，自费带领孩子们旅行、参观，鼓励孩子们主动学习。

对于那些在数学方面天赋异禀的孩子，维特根斯坦更是关怀备至，不为名不为利，只是希望他们能够发挥所长，有所成就。他曾提出收养一个表现出色的孩子，可是那个孩子的父亲拒绝了，因为他不打算让孩子从事与自己不同的职业，认为维特根斯坦"完全是个想给小学生教高等数学的疯子"。

后来，维特根斯坦辞去小学教师的职务，重返哲学界，担任剑

▲ 剑桥大学三一学院

桥大学哲学教授。可能忙于日常授学，之后他只发表过一篇小论文。不过学生所记的课堂笔记广为流传，使他成为分析哲学界最有影响的人物。最后，维特根斯坦从剑桥大学辞职，专心思考、写作，留下了引导语言哲学新走向的著作《哲学研究》。

对不可说保持沉默

在20世纪20年代和20世纪30年代，维特根斯坦的思想是大相径庭的，而且这两种思想都具有入木三分的力度。于是，人们谈论维特根斯坦时一般会称"前期维特根斯坦"和"后期维特根斯坦"。

对于前期维特根斯坦而言，主要成就是《逻辑哲学论》。

第一次世界大战时期，维特根斯坦积极应征入伍，但还没有正式作战就沦为了意大利人的战俘。据说被俘的时候，维特根斯坦一点也不紧张，他正骑在炮筒上用口哨吹着贝多芬的《第七交响乐》。随后，维特根斯坦和许多战友被关押在蒙特卡西诺附近，在此期间他完成了《逻辑哲学论》的手稿。

在《逻辑哲学论》这本著作中，维特根斯坦说："我们所使用的逻辑语言是对世界的逻辑结构的反映，词和词之间的连接方式则揭示了事物与事物之间的连接方式。由此可见，逻辑语言的世界是事实世界的投影。语言是如此重要，我们必须对日常语言进行规范，使用符合逻辑的语言。但是，不管我们使用哪种语言，总有些东西是我们不可说的，我们只能说出可说的东西。"

什么是"可说的东西"？随后维特根斯坦给出了这样的解释："所有自然科学的命题都是比较简单的，我们能够用逻辑语言说清楚，这都是可说的。"

什么又是"不可说的东西"？维特根斯坦认为，价值、生命、伦理、情感、激情、宗教等都是形而上学的本体，都是不可说的。它们如此神圣，我们是无法用语言表述的，只能选择沉默以待。以前的哲学之所以令人费解，就是因为一心想说清楚这些原本说不清楚的东西，结果越说越乱。

"凡可说的，都是可以说清楚的""凡不可说的，应当沉默"。如此看来，所有的哲学问题都可以得以解决。维特根斯坦将哲学还原到如此简单的境界，号召人们从形而上学的迷雾中迷途知返。

不要想，而要看

"一个伟大哲学家的标志是：他的出现为哲学指出了一个新的方向。"这句话是美国著名哲学史家考夫曼的经典名言，而这样的事情维特根斯坦一个人居然做到了两次。

从奥地利的乡村学校返回英国后，维特根斯坦不再承认逻辑语言的力量和规范性，也不再强调在结构上符合逻辑的语言世界和日常世界是一样的，这一时期他几乎完全抛弃了自己原来的思想，开始将目光投向实际生活的日常语言。

比如，前期维特根斯坦认为，一个词之所以有意义是因为它对应着一个具体的对象。但是现在的他发现，即便有些词找不到对应的东西，依然是具有意义的，而且至关重要。"救命""走开""好吧""哎哟""不"……这些词有相对应的对象吗？没有！那么它们没有意义吗？自然不是！

在现实的生活语言中，衡量语言是否有意义的标准，并非看它是否具有所对应的对象，而应该看它被运用到哪一种环境。在此基础上，维特根斯坦提出了"语言游戏"这一概念，认为语言就像一场

◀ 路德维希·维特根斯坦画像

游戏，在游戏中某个东西存在意义，并非因为它和现实发生了联系，而是因为它在这个游戏里面。

当然，语言的游戏是有规则的，维特根斯坦将这种规则称为"语法"，这是他语言哲学中的一个重要概念，一个词的意义具体是什么，是由整个语言的语法所决定的。

然而，游戏的规则是谁制定的呢？维特根斯坦认为，这是由玩游戏的人一起商量的结果。

问题又来了，不同的人群聚在一起，往往会导致不同的玩法。甚至同一群人在一起玩，也会在不同的时间有不同的玩法。那么，到底怎样才能玩好这场"游戏"呢？"这不是一个恒定的标准或者本质的东西，爱怎么玩就怎么玩。"维特根斯坦认为，这些游戏以及规则就像大家族里的成员一样，虽然存在种种不同的地方，但是大家彼此都是相似的，这就是"家族相似"的概念。

为什么哲学上会出现种种难解的问题？在后期维特根斯坦看来，这都是因为一些哲学家误用了日常语言，说了不该说的话。当某个人在某个哲学问题上百思不得其解时，后期维特根斯坦给出的建议是，立刻停下来，从语言的误用中回到语言的日常用法上来，这样问题就能得以解决。

维特根斯坦告诫人们一条真理——"不要想，而要看！"

语言遭遇分析

"分析哲学"是20世纪西方哲学的主流之一，这一流派诞生在英国剑桥大学，"二战"以后在英美哲学中一直居于主导地位。由于"分析哲学"的代表人物多为英国人，相关作品也都是用英语所写，所以"分析哲学"几乎就是20世纪"英美哲学"的同义语，甚至有人说，20世纪就是"分析哲学"的世纪。

"分析哲学"具体是一种什么哲学呢？准确地说，这不是一个哲学学派，而是一种哲学运动，包括了观点大相径庭的众多哲学流派，不过基本上都存有两个共同特征。

一是以语言为研究对象。分析哲学家认为，哲学中之所以出现本体论、认识论乃至伦理学等问题，是因为人们滥用或误用语言，所有的哲学争端都可以归结为语言问题。

二是普遍重视分析方法。既然是语言使用得不合理、不规范，导致了种种问题，那么现代哲学家的任务就是要从纯粹的逻辑的分析，转向分析语言的形式，研究语言的结构到底是什么，具体词汇的语义又有哪些，它们之间存在哪些关系，在科学哲学、社会哲学、道德哲学中到底应该怎么用。

在哲学史上，"分析哲学"最明显的标志就是对语言问题的关注。分析哲学家们认为，传统哲学先是讨论"世界是怎么样"的（本体论）问题，转而研究"人如何认识世界"的（认识论）问题，这些形而上学的思辨没有意义，主张哲学的任务在于考虑"人用来认识世界的那个中介物——语言"的问题。当代哲学必须再来一次"哥白尼式的革命"，进行第二次转向，即"语言学转向"。

语言问题是最基本的哲学问题，建立像科学语言一样的哲学语言。分析哲学家们之所以提出这样的口号，是因为他们认为一切哲学问题都是关于语言的问题。任何一种知识都得用语言说出来，即使不说出来，利用头脑进行思考时也是运用无声的语言。而科学使用的语言必须是精确的，既能交流，又能经受检验。

"分析哲学"流派情况复杂，主要分为两个派别：以罗素等人为代表的逻辑经验主义学派，主张用尽可能客观的方法对语言进行逻辑分析，这是一种讨论"理想语言"的逻辑学；而以摩尔等人为代表的日常语言学派，强调常识和日常语言，提倡讨论语言在实际生活问题中的运用。

身为两位大师的得意弟子，前期维特根斯坦是逻辑经验主义学派，后期维特根斯坦则主张日常语言的分析。"我们走在没有摩擦的光滑的冰上——在一定意义上的条件是理想的，但正因如此，我们不能行走。我们想走路的话，需要摩擦，所以回到粗糙的地面吧！"维特根斯坦的这段话正反映了他的转变。

维也纳学派

1924年，奥地利维也纳大学哲学教授莫里茨·石里克，组织卡尔纳普、纽拉特、克拉夫特、考夫曼、魏斯曼和费格尔等一批哲学家和科学家，成立了一个学术团体。每个礼拜四的晚上他们都会聚在一起，讨论关于逻辑和认识论的问题。之后，数学家哥德尔、物理学家伯格曼、弗兰克等人相继加入。

团队规模和影响力不断扩大，1929年，这个学术团体发表纲领——《科学的世界观：维也纳小组》，正式宣告维也纳学派成立。

维也纳学派以"分析哲学"为基础，是逻辑实证主义的一个学派。他们反对黑格尔式的思辨传统，认同弗雷格、罗素、维特根斯坦等人的思想。据说，小组成员将维特根斯坦的《逻辑哲学论》当作"圣经"，在学术聚会与学术沙龙上经常对此书展开深入讨论，甚至还会逐字逐句地朗诵。

受"分析哲学"的思想启示，维也纳学派也主张用严谨的科学改革哲学，认为只有运用逻辑分析的方法，让哲学成为一种类似于科学的学科，才能最终解决传统哲学问题。而要实现这一目的，关键是改造语言，将虚无缥缈的哲学理论变成可以交流的、具有确定含义的"物理语言"，成为一种逻辑的符号语言。

维也纳学派拒绝形而上学的概念和命题，认为传统的形而上学缺乏作为一门科学知识的资格，根本就不能称之为"知识"，而是我们头脑中想象的产物，就如同诗歌、文学一样。为此，他们还试图把所有的学科都科学化。卡尔纳普在其著作《世界的逻辑构造》中，曾明确表示自己写这本书的主要目的，就是要在直接经验的基础上，将一切科学领域的概念进行"理性的重构"。

作为一种新的哲学思潮运动，维也纳学派的理念尚未系统化，思想理论也不统一。在这个学派的成员中，内部矛盾也是层出不穷的。比如，石里克和纽拉特、卡尔纳普，卡尔纳普和纽拉特、费格尔之间都存在矛盾，由于大家认识上的差异以及观点和看法的不同，在学术讨论中经常发生争辩和冲突。

1936年，维也纳学派创始人石里克被一个纳粹分子暗杀。当时奥地利法西斯主义盛行，为了避免遭到迫害，维也纳学派的大部分成员陆续逃亡国外，唯有克拉夫特留在维也纳大学，继续从事维也纳学派的教研工作。1938年德国吞并奥地利后，克拉夫特被撤销一切职务，隐居乡间。

就这样，哲学史上的维也纳学派消失在众人的视野中……

返回到事情本身去

"返回到事情本身去!"

这是20世纪最响亮的一句哲学口号,由奥地利著名作家、哲学家埃德蒙德·胡塞尔发出,这声呐喊宣告了现象学的诞生。当时舍勒、海德格尔、梅洛·庞蒂、萨特、列维纳斯等一大批一流哲学家都是胡塞尔的追随者,现象学变成一个哲学流派,并形成了20世纪一场声势浩大的哲学运动。

有人说,不懂现象学就等于不懂20世纪的哲学。这么说一方面因为现象学是一种认识论的重要哲学,另一方面因为存在主义、哲学解释学等哲学流派是现象学运动的副产品,现象学的影响遍及全世界,被广泛地运用到心理学、社会学、宗教学、人类学等多个领域。

现象学的最大特点在于它不是一套内容固定的学说,也不是一个统一的哲学流派,几乎每一个现象学家的理论都不一样,就连胡塞尔的子女也曾质疑和否定过胡塞尔的某些理论。即便如此,大家有一点是相同的,那就是他们都赞成"返回到事情本身去"这条基本原则。

为什么这一学说叫作"现象学"?"返回到事情本身去"又是什么意思?顾名思义,这是一门研究现象的学问。以前的哲学家通常把现象看成是表面的、变化不定的东西,都是通过现象研究事物的本质，可为什么现象学要将研究现象的学问变成哲学呢？

在现象学看来，一味地研究事物的本质，而忽视现象的丰富性和复杂性，实际上是对现象的简化和还原。比如，古代哲学家把世界万物的本源归结为水、火、气、精神等，将各种现象归结为几条简单的科学规律。就原则上讲，我们的一切知识只是对现象进行加工的产物，是"合成"的结果。

既然知识是从现象中获得的，对这些现象的研究就非常重要。现象学不承认独立于现象之外的本质，而且认为本质不能通过抽象思考获得，而是需要"看"到的——这不是一般的"看"，而是现象学的"看"，这是一种通过直接的认识，包括感觉、回忆、想象和判断等，描述现象的研究方法。

"意向性原则"是现象学的第一原则，意思是我们的意识总是指向某个对象，是对某个对象的意识，研究的是意识如何活动，并以什么方式看到对象。

"返回到事情本身去"，就是返回到现象本身，切身去体验各种现象。

胡塞尔与现象学

为了使现象学成为一门严格科学的哲学，而不是随着时代而变化的"世界观"，胡塞尔常常以科学家自居，在哲学研究上讲究严格性，反对那种随意遐想、"思想火花"式的哲学。他曾在日记中写道："我正由于欠缺明晰性和萦绕不散的怀疑而倍觉痛苦……我必须赢得明晰性，否则我就不能生活下去！"

胡塞尔对哲学的探索非常虔诚，认为生活中的"看"掺杂了太多日常的信念，提倡要学习现象学的"看"，这是一种纯粹的"看"。比如，当我们看到一棵树的时候，总会想到这棵树是存在着的，但胡塞尔要我们只专注于现象本身，也就是专注于这棵树的本身，而不必谈及其他的理念。

这是一套很复杂的研究方法，只有专门研究的人才能掌握。据说，胡塞尔曾带领学生们利用整整一个学期的时间来学习如何用现象学的眼光"看"桌子，并对看到的纯粹现象进行描述。萨特曾站在一盏路灯下一直"看"，只是静静地"看"，什么也不说，什么也不

▲ 埃德蒙德·胡塞尔画像

做，被周围人当成是神经病。

胡塞尔一直把自己摆在初学者的位置，并为现象学研究制订了庞大的计划，但实现的还不到目标的百分之一。为此他夜以继日、不知疲劳地工作，深深地沉浸在自己的哲学思想中。一次讨论课上，胡塞尔提问一名学生，当学生做出简单回答后，他觉得不够理想，又对这一问题进行了一番深入分析，自言自语讲了3个小时。

1938年，胡塞尔去世时留下了4.5万页庞大的速记稿，当时奥地利处于纳粹党的统治下，一个朋友为了将这批宝贵的哲学财富保存下来，利用外国使馆的专用皮箱将其转移到国外。如今，这批手稿被保存在瑞士卢汶的胡塞尔档案馆，吸引了无数人前来拜读，领悟其中智慧。

由于胡塞尔的哲学基本上是一种思想独白，没有突破个人思想的瓶颈，所以内容有些晦涩难懂，就连他最亲密的学生也常常误解他的思想。

胡塞尔曾把学生海德格尔当作自己的接班人，甚至说"现象学的世界只有我和海德格尔而已"。可是当看到海德格尔的著作《存在与时间》后，胡塞尔才发现两人的思想完全不同。有趣的是，海德格尔认为《存在与时间》这本书就是遵循胡塞尔的哲学思想所写的，而且这本书是向尊师的致敬。

虽然自身的哲学思想不被理解，但胡塞尔有一种真正的哲学使命感，为了现象学的研究，他付出了自己的全部力量，远远超出常人的能力范围，这种追求真理的热忱永远值得后人学习。虽然现代现象学的意义和以前有所不同，但胡塞尔作为现象学的创始人仍值得我们尊敬和研究。

纳粹哲学家——马丁·海德格尔

20世纪20年代，马丁·海德格尔做过一系列关于亚里士多德的研究，当被问及亚里士多德的生活时，他用一句话做出总结——"他出生，他工作，他死了。"

原来一个人的存在竟然如此简单，用三言两语就能概括清楚。其实海德格尔的一生也可以这句话作为总结，除了纳粹时期的那段经历，他的人生和普通人一样，没有什么特别之处。但由于他的思想影响力实在太大，我们很有必要了解一下他的人生经历，进而了解他思想形成的过程。

1889年9月26日，海德格尔生于德国巴登邦的梅斯基尔希，父亲弗里德里希·海德格尔在镇上的天主教堂担任司事，并一直希望海德格尔能够子承父业。读初中时，海德格尔在天主教教会的资助下前往家乡50公里以外的康斯坦兹文科学校上学，为将来的牧师工作做准备。

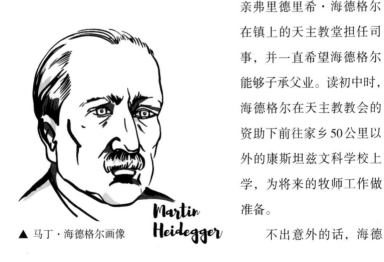

▲ 马丁·海德格尔画像

Martin Heidegger

不出意外的话，海德

格尔会成为一名牧师，但有一年暑假他回家度假时，从一位神父那里看到布伦塔诺的著作《论"存在"在亚里士多德那里的多重含义》，顿时像打开了新世界的大门。自此，存在问题成为海德格尔终生思索的问题，用现象学来解释亚里士多德成为他毕生哲学事业的起点。

为了更好地学习和研究哲学，1911年，海德格尔拜在胡塞尔门下，开始潜心研究现象学。胡塞尔对海德格尔赞赏有加，视他为自己最得意的门生。不过与胡塞尔不同，海德格尔主要将现象学方法应用于存在问题研究，1927年随着《存在与时间》一书出版，他正式成为存在主义的创始人。

在纳粹党统治时期，海德格尔曾担任弗赖堡大学校长，在此期间发表了拥护纳粹以及和纳粹宣传相似的言论。在一次名为"德国大学的自我主张"的演说中，他指出德国大学的目的就是"教育和训练德国人民命运的领袖和卫士"，德国大学的支柱是为"劳动服务、军役服务和知识服务"，提出要把学院自由彻底赶出德国大学，将德国大学进行一场大改造。

在一定程度上，海德格尔可以说是纳粹忠实的拥护者，"任何原理和理想都不是你们存在的原则。元首（希特勒）本人而且只有元首本人才是今天与未来的德国现实及其法规"。

这些都是有公开记录的事实，纳粹党倒台之后，海德格尔因为这些言论饱受争议，还有人专门写书探讨他的思想与纳粹的关系。为此，海德格尔不得不在各种场合为自己辩护，坚持认为自己的存在思想与纳粹没有直接关系，那些言论只不过是被当时的形势所迫而已；而且自己毕竟只是一个哲学家，对政治所知甚少，当初只是把纳粹运动看成是一种新事物，并没有认清它的本质。

海德格尔说得不无道理，纳粹党当时任命他担任弗赖堡大学校长，看重的就是他的名望和地位。认识到纳粹的活动和自己的理想并不是一回事之后，海德格尔毅然辞去校长职务。之后，他一直受到纳粹党的排挤和监视，后来还被送往战争前线，在莱茵河对岸负责挖战壕、送给养等。

海德格尔是胡塞尔的得意门生，纳粹时期由于胡塞尔是一名犹太人，他曾有意疏远老师，甚至没有参加老师的葬礼。后来他专门给胡塞尔夫人写信，希望能够得到宽恕。

尽管海德格尔有过这样一段不光彩的经历，但不可否认的是他的哲学思想确实深邃，特别是后来他在自建的森林木屋里独自思索，思想变得越来越神秘，许多重要作品正是在此期间写成的。海德格尔毕生留下60多卷作品，他却说自己并没有找到什么真理，只是个一直行进在途中的旅人。

自由知识分子

　　20世纪80年代，西方有一位哲学家在中国最具影响力，他就是法国存在主义的代表人物、西方社会主义最积极的倡导者之一——让·保罗·萨特。当时，国内有许多大学生言必称"萨特"，他们学习萨特的思想，引用萨特的格言，还有人效仿萨特的生活方式。

　　在西方，萨特虽然没有加入任何党派组织，却是著名的左派人物，他激烈地批判资本主义的社会制度，认为自己的哲学是为了补充马克思主义。20世纪50年代，萨特应邀访问中国。看到当时的中国充满蓬勃生机，他赞扬这种新生的社会主义制度，声称马克思主义是当代不可超越的哲学。

　　萨特不仅是出色的哲学家，还是优秀的文学家，在哲学和文学两个领域都取得了杰出成就，这是非常难得的。萨特的文学作品数量众多，体裁涉及小说、戏剧、文学评论、传记等，比他的哲学作品还要多。他的作品以文学阐释哲学，具有很强的哲理性，引发了人们广泛的关注。

▲让·保罗·萨特画像

　　萨特是存在主义文学的代表

人物，将个人的生存问题作为哲学的基本问题。《恶心》《禁闭》《自由之路》《群蝇》《存在与虚无》《存在主义与人类情感》《存在主义是一种人道主义》，这些作品表达的都是人生的荒谬、人的自由选择、羞耻、焦虑等，都是存在主义的重要观念。

萨特倡导"做事的自由""生活的自由"和"做人的自由"，为了最大程度上争取这种"自由"，他还成了一名著名的社会活动家。

法国政府对阿尔及利亚人民反殖民主义斗争进行镇压时，萨特明确表示强烈的反对，因此遭到右翼分子的炸弹袭击。苏联对捷克斯洛伐克突然袭击时，他又公开谴责这是一种霸权主义。他创办过各类激进报纸，比如巴黎左翼组织的地下报纸《人民事业报》《战斗报》，当政府查封报纸后，他又走上街头向人们分发报纸。

在历次斗争中，萨特都站在正义的一边。1968年，当他鼓动学生反对政府，爆发"五月风暴"的时候，有官员建议当时的戴高乐总统下令逮捕萨特，戴高乐摆摆手，回答道："当年法国国王没有逮捕伏尔泰！"

萨特才华横溢、热爱自由、不畏权力又勇于斗争，是一个真正对他人、对社会有影响力的重要人物。1980年萨特逝世后，五六万巴黎民众自发为他送葬，场面十分壮观。

人注定是自由的

"没有决定论——人是自由的，人是自由。"

这是萨特的一句有力声明，在他看来人是自由的，"我们的自由存在于做出抉择这一行为中"，人活着就是在不断地进行自由选择，这定义了存在主义哲学的根本——自由。在某种程度上说，存在主义哲学就是一种自由哲学。

对此有人可能会反驳，认为人再怎么自由也要受种种限制，比如无法改变的自然规律，无法避免的自然灾害，粮食生长的过程，粮食产量的多少，我们是不能自由选择的；再比如，人类自身的生理结构也具有局限性，我们无法像鸟儿一样飞翔；还有社会道德和法律的种种限制，怎么能说人是自由的？

请注意，哲学上的自由并非指人的肉体，而是指人的意识，也就是自我意识。人会自发地产生意识，而且可以脱离现实的存在，进入一种无拘无束的状态。比如，当把一个人关在监狱里时，虽然他的身体被囚禁了，但是他的意识仍然是自由的，可以决定自己想什么，这就是哲学上的自由。

萨特认为，事物的意义都是人所赋予的。如果一个人感到不自由，不能怨恨旁人，那是你赋予自由的意义。一块巨大的石头挡住了去路，你可以选择原路返回，也可以站上去眺望远处的风景。同样的一块石头，由于你的选择不同，它存在的意义就会不同。

这种"自由学说"并非萨特的奇思妙想，而是源自他的个人性格和生活经历。

萨特自幼丧父，母亲改嫁，从小他就寄居在外祖父母家。好在外祖父母都对他宠爱有加，给了他一个自由发展的空间，使得他的童年和同龄人一样幸福。萨特从小就具有强烈的自由感，拥有冒险的梦想。年轻时虽然他在经济方面并不富裕，但仍把省吃俭用存下的钱用来环游各地。

读大学的时候，萨特大多时候都是独来独往，而且经常以天生的超人自居，看上去有些自负。但是与人交往的时候，他都能做到平等相待。因为在他眼里，每个人都有自身独特的价值，人与人之间都是平等的。对于忽视了人的尊严、个性的各种等级制度和专制制度，他深恶痛绝。

一个作家的职责是什么？在萨特看来就是把自己的作品奉献给人，为此他不接受一切外来的荣誉。萨特不是说说而已，比如1945年，他拒绝了政府授予他的荣誉勋位；后来，法兰西学院发出邀请，他也婉拒；1964年，瑞典文学院决定授予萨特诺贝尔文学奖，萨特依然谢绝。

萨特不接受一切官方给予的荣誉，也不想通过作品获得什么荣誉，他主张作家要投身到改造社会的活动中去，分析各种政治事件和社会问题。文学作品要干预社会现实，将写作当作进行社会斗争的武器，这被称为"介入文学"，是20世纪法国的一个重要文学现象，深刻影响了文学界。

萨特是一个自由主义者，他反对任何形式的约束，在婚姻上也是如此。1929年夏日的一天，萨特参加全国大中学教师资格考试时，结识了一同应试的西蒙娜·德·波伏娃。他们爱好相同，彼此相爱，但是萨特拒绝婚姻，波伏娃对此也表示理解，两人相守终生，却无一纸契约的羁绊。

萨特的一生是自由的，但是这种自由并非想做什么就做什么，不顾后果、任性而为。对此，萨特强调说"人要自由地承担他行为的后果"。也就是说，一个人要为自己选择的行为承担责任，而不能把责任推诿到其他人身上。责任是人正视自身的自由权利的表现，毕竟一切都是你自由的选择。

存在先于本质

"存在先于本质"，这是存在主义的基本原则。萨特之所以提出这一重要命题，和他自身的自由观有着密不可分的联系。

传统的哲学将寻找事物背后的本质作为主要目的，并且认为本质决定了事物的存在。现象学则否认了这一点，认为本质是不能独立存在的，事物本身才是存在的意义。在现象学这一理论基础上，萨特悉心研读胡塞尔和海德格尔等人的哲学，构建了存在主义哲学思想体系。

存在主义哲学提倡通过人、人的意识研究人和这个世界，并且认为人的主观意识的存在才是一切存在的根本。任何事物都是首先存在着，人才能够去规定它的本质是什么。比如桌子之所以是桌子，是因为我们可以在上面看书、写字、吃饭等，当然我们还可以将桌子用来烧火。所以，事物的本质都是后于它的存在，而且这些本质也是人赋予它的。

不止这些客观存在的事物，人自身也是同样的道理。人首先是一种客观的存在，一开始并没有本质的设定，因此人的存在是自由的，但是人能够通过自身的言行演绎自己是怎样的一个人。每个人都可以支配自己的行为，一个人的所作所为可以显示自己的品格，所以萨特才会说"我们是在自己创造自己"。

这种哲学观点深刻影响了萨特，为了创造一个更好的自己，他把全部的才华和精力都放在写作上，夜以继日，不知疲倦。为了使自己保持高度亢奋的状态，提高思考和写作的速度，他还服用过大量的兴奋剂。据波伏娃回忆说，萨特写作的气势和速度，就像在做一场绝技表演。

　　65岁以后，萨特的健康状况迅速恶化，身患多种疾病，眼睛也失明了，不得不停止写作，这使他产生了强烈的焦虑甚至羞耻，他觉得自己的生命没有了意义。不得不说，萨特在有限的生命里已经最大限度地创造了自己，正是他的存在赋予了作为"哲学家"和"文学家"的本质！

人类充满性幻想

在哲学史上，西格蒙德·弗洛伊德是一个绝对不会让人感到陌生的名字，相信大部分的人都听说过他创造的一些术语："潜意识""恋母情结""精神分析"等。弗洛伊德是奥地利的精神病医师、心理学家，也是精神分析的创始人，他的很多思想都是革命性的，对哲学产生了深远的影响。

弗洛伊德的学说是以"性"为中心，他本人也因此被称为最著名的性学大师。

在传统观念里，性是一种很私密的东西，人们对它讳莫如深。20世纪80年代，当弗洛伊德的学说传到中国时，许多人觉得难以理解，怎么会有人明目张胆地谈论性、研究性呢？还误以为这是一种"黄色文化"。直到后来人们的思想开放，性观念也趋于成熟，才开始接受和研究性的学说。

弗洛伊德认为，性是人类最重要的本能，也是人类最基本的特征。人分为男人和女人，正因为性的存在，男女之间才会产生吸引力，产生爱情，组成家庭，繁衍后代，延续人类的生命。有人质疑弗洛伊德的思想是受叔本华"生命意志"里所提到的性的本能冲动的影响，但他坚持自己的理论是独创的。

弗洛伊德的兄弟姐妹一共有八个，他早早就表现出才智出众的一面，而且勤奋好学，不仅攻读了大量的古典文学，还学习了拉丁语、希腊语、法语和英语等。尽管家庭经济状况一般，但家人对弗洛伊德的发展很关心。当时家里只有一盏油灯，当弗洛伊德学习时，大家都会让给他专用，而其他人只用蜡烛。

17岁那年，弗洛伊德进入维也纳大学攻读医学专业。获得博士学位后，他开始和别人合作研究癔病，这是一种可怕的精神疾病，又称歇斯底里症。在此期间，他们发明了谈话疗法，就是让病人静静地躺在床上，鼓励他想到什么就说什么，把心里的压抑讲出来，在电视电影中我们经常能看到这种治疗方式。

正是在对癔病的研究过程中，弗洛伊德发现性欲可能引发持续的烦恼、不安、担心、疑虑、恐惧等。后来他又研究梦，把自己做过的梦记录下来，对自己进行心理分析，通过自身的体验，得出梦和性也有很大关系的结论。在《梦的解析》一书中，弗洛伊德谈道："人在现实世界里被压抑的性欲会以幻想和扭曲的形式在梦中表现出来，夜间梦和白日梦完全一样，都是欲望的满足。"

后来弗洛伊德开了一家独立的诊所，他一边为病人进行心理治疗，一边继续发展自己的理论，最终成功创建出一系列心理治疗的方法。

理论和实践紧密结合，这是弗洛伊德学说的重要特点。一开始人们并不相信他的种种理论，甚至有不少人采取抵制的态度，后来渐渐发现他的理论确实很有道理，而且具有很强的指导意义和实践意义。就这样，弗洛伊德的名气越来越大，再后来成立了国际性的精神分析协会，还应邀前往各国讲学。

希特勒上台后为了加强思想统治，对精神分析学派的人士加以迫害。弗洛伊德身为这一学派的领袖人物，再加上犹太人的身份，更是让纳粹党恨之入骨，他们曾在德国举行室外集会时焚烧弗洛伊德的书籍。当时的指挥军官大声道："我们反对通过美化人的本能而毁灭人的灵魂，为了人类灵魂的高尚利益，我要把弗洛伊德的著作付之一炬。"得知自己的书籍被纳粹党焚烧时，弗洛伊德不无讽刺地说："我们的进步多么大！如果是在中世纪，他们会把我烧死，而不是只烧我的书！"

真理是永远不能被暴力消灭的，弗洛伊德的精神分析理论赢得了国际上的承认，并且超出了心理学的范围，在文学、哲学、社会学等领域都产生了重要影响。

虽然后来的一些学生认为弗洛伊德过于强调性因素在人类心理方面的作用，而逐渐发展了他们各自的理论和风格，导致精神分析学派内部出现分裂，但是弗洛伊德的思想仍然占据主导地位。正是因为弗洛伊德等人的不懈研究，精神分析学才得以不断发展壮大，成为心理学中不容忽视的重要力量。

▶邮票上的弗洛伊德画像

逃避自由

　　萨特说"人注定是自由的"，艾瑞克·弗洛姆却反驳，"人还有逃避自由的倾向"。弗洛姆是谁？"逃避自由的倾向"又是什么意思？

　　弗洛姆原是德国犹太人，为了逃避纳粹的迫害，逃亡美国，并且加入美国国籍。弗洛姆是弗洛伊德的学生，他认可弗洛伊德精神分析的一些理论，同时也反对弗洛伊德对性欲的强调，而关心社会因素对人心理的影响。由于弗洛姆擅长用心理学的观点对宗教、婚姻、消费等各种社会问题进行精彩的分析，所以他被称为"精神分析社会文化学派的代表人物和集大成者"。

　　此外，弗洛姆还是马克思的信徒之一，他的思想深受马克思实践唯物主义的影响。与此同时，他也认为马克思主义存在不足之处，一直致力于用心理学进行补充。

　　弗洛姆具有理性、怀疑的辩证思维，他既不是纯粹的弗洛伊德主义者，也不是纯粹的马克思主义者，而是力图将这两大思想体系调和起来。在辩证思维的影响下，他加入了著名的法兰克福学派，常常和其他同事如马尔库塞、阿多诺等人对各种思想进行研究和讨论，对现存社会进行批判和反思。

　　《逃避自由》是弗洛姆的成名之作，该书出版后很快就成为经典著作。当初之所以写这部著作，是因为弗洛姆一直为这样一个问题困惑：为什么德国人会把权力让给希特勒，并且心甘情愿受纳粹党的统治？为什么纳粹的集体主义会让无数原本理智的人陷入狂热，自我陶醉？具有自由主义传统的欧洲人为什么不维护自己的自由，难道他们没有意识到纳粹主义对自身自由的威胁吗？

在书中，弗洛姆的研究不只限于对纳粹主义的心理分析，还结合整个社会背景寻找根本性的原因。很快他发现，20世纪的西方社会已经沦为消费社会，人们拼命地赚钱只为了满足自己的消费欲望，更糟糕的是消费和人的真实需要完全脱节，人们在商品世界里完全迷失了方向。与此同时，现实的现代人精明地计算利害得失，变得目光短浅，只顾自己的享乐，却忽略了生与死、幸福与痛苦、情感与思想、自由与公正等重大的、与人生有着根本关系的问题。

现代人之所以屈服于市场、流行的统治，丧失了自己的个性，放弃了自己的自由，沦为无名大众的一员，是出于对自由的逃避。因为自由会给人带来孤独、焦虑和恐惧等，而一旦依赖于某些东西，人就会从自由的重负下脱离出来。现实生活中，这种逃避自由的现象大量存在着。比如，有些年轻人不想承担社会责任，就会选择依赖自己的父母，情愿将人生选择权交到父母的手上。

人具有社会属性，当一个人意识到自己是不同于他人的一个"我"时，孤独和焦虑就产生了，放弃自由正是为了逃避自由带来的各种负面心理。弗洛姆认为，逃避自由是最坏的选择，他强调逃避自由的前提是人本来就是自由的，也相信人可以克服自由带来的负面心理，而获得一种积极的自由。

什么是积极的自由？这是建立在人的个性之上的自由，而且这种自由是不可能脱离社会的，需要我们更好地认识人性，愿意与他人合作和分享，不断发展自身力量，实现自我。

单向度的人

20世纪60年代，西方国家兴起以学生为主体的"新左派"运动，这一运动对资本主义的现存体制表达不满，坚持反殖民主义、反种族歧视、为妇女争取权利、性解放等，并以学生游行、工人罢工、群众示威等多种形式进行。1968年，这场运动达到了顶峰，不少人认为革命已经到来。

在这场浩浩荡荡的运动中，三个精神领袖人物马克思、毛泽东、马尔库塞，因为他们的名字在西文中开头的第一个字母都是"M"，被合称为"3M"。

其中，马尔库塞被西方誉为"新左派之父"。1898年马尔库塞生于柏林一个富裕的犹太家庭，由于从小接触了先进的政治思想，19岁时便加入社会民主党，积极参与政治活动。后来社会民主党右派帮助资产阶级镇压无产阶级革命运动，德国无产阶级革命失败，他以退党表示抗议，之后再也没有参加任何政党，转而开始研究哲学，并且成了胡塞尔和海德格尔的学生。

由于对政治和哲学都有所研究，马尔库塞在1933年加入法兰克福学派，并成为其中的主要成员，发表了众多著作。《单向度的人》是马尔库塞的著名代表作之一，这是一部标志着其思想变化的重要著作，核心内容就是批判发达资本主义社会的意识形态，在20世纪60年代赢得了世界性的声誉。

在英文中，"向度"的英文是"dimension"，也可以翻译成"方面"或"维度"。所谓单向度是相对于双向度而言的，双向度是既有肯定的一面，又有否定的一面；而单向度则只有肯定，没有否定，指的是那种对社会没有丝毫批判精神，甚至没有能力想象更好的生活而一味认同现实的人。

为什么会出现这种单向度的人？马尔库塞认为资本主义社会是一个极权主义社会，它不允许人们发出不同的意见和声音，进而压制了人们对现状的否定和批判。

马尔库塞的这种观点一开始并未得到大众理解，因为在大多数人的印象中，发达的资本主义国家一般都是比较民主的，他们允许不同政党轮流执政，允许民众投票竞选，政府的反对派和反对意见多的是，民众为了争取自己的权益还可以上街游行示威，似乎怎么看都称不上是极权主义社会。

对此，马尔库塞给出的解释是，现代的极权主义社会不同于以往的极权主义社会，它不会采用恐怖和暴力手段，虽然它允许有对立派别和对立意见的存在，但这种对立只不过是表面的对立。比如，美国的共和党和民主党虽然一直争权夺利，但它们都属于资本主义政党，并不反对资本主义制度。比如，西方社会民众的游行示威只是反对政府的一些具体措施，并不反对政府本身。发达资本主义社会里的人民群众已经丧失了革命性，成为政府的拥护者，这就是极权主义的最好证明。

人民群众为什么会丧失革命性？马尔库塞从经济和文化方面分别进行了分析。从经济上看，随着资本主义生产力的提高，劳动人民的生活得以改善，工人阶级也可以吃喝玩乐，享受各种社会服务，哪还有心思革命？从文化上看，统治阶级为大众提供日常休闲娱乐活动，营造的是快乐和谐的社会氛围，人们不知不觉地沉溺其中，哪还能激起对社会的反叛，想象更高级的生活方式呢？

　　发达资本主义社会里的人民群众虽然在生活方面过得舒服，但在个人意志和精神方面是一种不自由，个人尊严和个性正在不知不觉中沦丧！马尔库塞提出的这种新的革命理论，点燃了不少人隐藏在内心的批判的火焰。

第九辑

东亚的智慧

樱花之国——日本

　　樱花被誉为日本的国花，同时还有"圣树""神木"等美誉。每年日本大大小小的神社都会举行"安乐祭"的祭祀活动，为的就是祈求获得樱花神的保佑。在日本到处都能看到樱花，每年三四月间，日本蜿蜒几千公里的诸岛上樱花簇拥怒放，吸引了无数游客。

　　樱花最初并不受重视，人们种植它不是为了观赏，而是为了农耕的占卜。古时的日本农民会站在山上远眺开在山间的樱花，然后根据樱花的开放状况预测农耕时节天气的状况，并估算一年稻谷的收成。要是在樱花盛开的季节播种，水稻就有可能获得大丰收；如果樱花开得不好，而且花期很短，就意味着今年的收成不会太好。

　　直到日本平安时期的中期，樱花才结束了这种被冷落的局面，取代梅花受到越来越多日本人的喜爱，并被日本人寄托了众多的精神内涵，成为日本文化中不可或缺的部分。

　　在欣赏樱花时，我们会发现就单株的樱花而言，无论造型还是颜色，都很不起眼。它既没有牡丹的雍容大度，也没有玫瑰的热烈奔放，色彩也只有素淡的红、白两色，也没有醉人的香气。但是一株株樱花集中到一起，将漫山遍野染红，是一幅锦簇堆积、欣欣向荣的壮观景象。

　　樱花由一种阴柔的美丽，衍变成一种磅礴壮丽的精神。正是这种集合的力量，令樱花成为日本民族心目中最能代表自身的"国花"。

　　有一句话说："一个日本人是一条虫，三个日本人就变成一条龙。"日本虽然人口不多，却有着强烈的团体精神，遵守和服从等级秩序、集体协作的精神，表现出一种明显的民族种群意识。无数日本人在各自的团体中各安其分、各尽其才，最终实现了最大的整体效应，有力地促进了日本发展。

▲ 日本富士山下的樱花

花要樱花，人要武士

"花要樱花，人要武士。"这是日本人耳熟能详的一句谚语，意思是说，樱花是花界排名第一的花，而武士则是社会阶层中最重要的身份。在日本，人们常常用樱花来比喻武士，这是因为两者共同体现了整个日本民族的思想意蕴。而武士的形成与发展，也与樱花有着密不可分的联系。

一提起日本武士，我们往往会想到野蛮血腥的杀戮。将武士和樱花这两种截然相反的事物相关联，似乎让人无法理解。事实上这是出于一种心理补偿，目的是通过樱花的阴柔平和缓和武士的强硬暴烈，进而使武士保持心理上的基本稳定，更重要的是樱花能让人感受到生命的璀璨和光辉，那种转瞬即逝的凄美正符合武士对生活的理解，对生命的信仰。

▲ 日本武士面具

武士兴起和壮大的过程，正是日本转变为封建贵族社会的时期，到11世纪，武士已成为一个规模庞大的地区性武装集团。这个集团有着极强的宗族观念，绝对服从首领的命令。

在战场上勇武作战，对主人的献身精神，是武士个人和武士团的基本要求，也是维持武士团组织的思想支柱。

日本封建时期强藩林立，狼争虎斗，危机四伏，生命对于武士来讲是身不由己的，他们随时有可能为自己的主人献出生命，就如同脆弱的樱花一样转瞬即逝。从樱花短暂的生命中，武士们领悟到生命不在于长短，而在于活得是否有意义。相对于主人的利益和整个集团的利益而言，自己的生命不值一提。

▲ 日本武士盔甲

毫不留恋地死、毫不犹豫地死，对主人的忠诚和奉献，这就是武士所具有的最核心的精神，又称"武士之道"。这样的感触苍凉悲壮，令人心生敬佩，但也正是这种对个人生命的不尊重，激发了民族主义狂热。这些武士听命行事，唯上级是从，很少考虑真正的是非曲直、正义与否。

佛教传入日本

佛教在日本有着相当重要的地位，对日本人的精神形成有着巨大影响。在历史上，日本佛教的传教者来自朝鲜，而朝鲜佛教的传教者则来自中国。

6世纪初，佛教传入日本民间社会，但大多数人并未给予关注。直到562年，朝鲜半岛百济国的国王派出使节，带着金铜释迦佛像和其他的一些佛教用品出使日本，日本人才第一次正式观察和研究佛教究竟是什么。后来，高句丽的僧人慧慈东渡日本，成为日本圣德太子的老师，宣讲佛经及著疏。此外，还有高句丽僧人慧灌赴日开创三论宗，朝鲜新罗僧人审祥赴日始传华严宗等。但此时，日本社会多以求神的心态奉佛，尚未真正地慧解。

6世纪晚期，物部氏的首领物部尾舆主张反佛，认为无端请来外族的神会引起本民族大神的不满，进而招致种种祸端。然而，另一个贵族家庭苏我氏接受并支持佛教，不仅以武力击垮了物部氏，还说服皇族也支持佛教，因此到6世纪末的时候，佛教已经开始在日本公开、合法地传播。

尤其是圣德太子摄政期间，他一直以崇佛作为政治统治的手段，下诏弘扬佛教，四处创建大小寺院，积极支持佛教发展，并把佛教信仰转化为一种国家公务。

唐朝时，日本派出多批遣唐使，前来学习唐朝先进的文化，其中不乏求法僧人。这些人在回国后，积极传播唐朝的制度和文化，佛教各宗由此大量传入日本。中国佛教注入了中国人的很多思维和理解，与印度本土的佛教思想不太一样，这也影响了朝鲜、日本，乃至整个东亚地区的佛教思想。

8世纪中叶，中国高僧鉴真历经艰险，东渡日本，在日十年，辛勤不懈，不仅与弟子们主持设计建造了庄严精美的唐招提寺，将中国唐朝的建筑技艺传至日本，还统领日本所有的僧侣创立正规的戒律制度，也就是"日本律宗"，赢得日本人民"禅光耀百倍，戒月照千乡"的极高评价。

在日本的平安时代，有两派盛极一时，分别是天台宗和真言宗。其中天台宗源于中国，日僧最澄在唐求法期间得到天台宗秘传，回到日本后正式创立日本佛教天台宗。最澄强调众生皆有佛性，人人可修心成佛，离欲清净，不染物色，为历代日本天台宗僧人和信徒所追随。而日本真言宗，是日本和尚空海在唐求法时，由中国高僧惠果传授给他的。日本真言宗依秘密真言而为宗，故名"真言宗"，又称"密宗"。密宗主张人们应该一心向佛，专注当下，认真做好每一件事情，便能够开悟成佛。

佛教与日本传统文化相互碰撞，到13世纪时，已经逐渐转化为具有日本特色的佛教文化，与佛教相关的日本文化也开始真正地生根发芽。

佛是神的一种

在日本列岛上，无论是在繁华的城市，还是僻静的乡村，随处可见一道独特的风景——造型古朴凝重的建筑，庄严肃穆的气氛，高大森郁的树木，幽幽地透着神秘。这，就是日本神社，日本特有的神道教用来祭神的地方。前往神社参拜祷告，是日本人新年中最重要的传统习俗。

在整个封建时代，尽管佛教在日本流行，神道教却一直不曾衰败。日本大大小小的神社不计其数，有人统计过，平均百米之内必有神社，平均不到1000个日本人就拥有一座神社。

虽然佛教和神道教并不相同，但是在明治时期以前，日本人没有划分得那么清楚，在他们看来佛就是神，神就是佛，它们几乎是一回事，只是分工不同而已，所以我们看到日本的神社和寺庙全是合在一起建造的。对于许多日本人来说，去寺庙烧香和去神社参拜的意义是一样的。

但是这并不意味着，神道教和佛教在日本的地位相同。

神道教，是日本民族的本土宗教，起源于老百姓的民间信仰，是人们对自然物和祖先的崇拜和祭祀，既没有具体的经典教义，也没有固定的宗教形式。在神道教的世界观里，世界可以分为三层结构：第一层是"高天原"，是天神的居处；第二层是苇原中国，也就是日本；第三层就是黄泉。

　　那时候，日本人倾向于把日本的诸多岛屿想象成一个有众神守护的"神国"。山川草木、飞禽走兽、日月星辰、风雨雷电……"神国"的万事万物都是由神所生，由神保护的。其中"天地神祇八百万"的说法，指的就是无论什么事物都由相应的神负责掌管，大家各司其职，治理着万千世界。

　　在这个庞大的神系中，最核心、最高级的神就是象征太阳的天照大神，她统治着整个宇宙和世界，被奉为日本皇室的祖先。日本人是神的子民，日本皇室是"天照大神"在人间的化身和代表，所以日本从古至今只有一个王朝，只有一家皇室，天皇皇室可以世世代代地统治国民。

　　深受神道教的影响，当佛教刚传到日本时，日本人是将佛当作一种神——"番神"来接受的，而后他们又融入了自身的理解，认定释迦牟尼就是天道大神。无论是神还是佛，都是日本的保护神，都要供奉，因此，日本的寺庙和神社常常建在一起，而且没有特别明显的区别。

▲ 日本神社

日本佛教的奠基者——圣德太子

日本奈良县有一座著名的佛教古刹——法隆寺，它被誉为最古老的木结构建筑，堪称木质建筑的重要杰作。

法隆寺分为东西两个寺院，西院建于607年，保存至今的有金堂和五重塔等建筑，大殿里面供奉着匠心独运的佛像，精美雅致的绘画，还有一个特别的景致叫"玉虫祭坛"。"玉虫祭坛"最初由上百万只闪光的甲虫翅膀镶嵌而成，不过由于时代久远，现在那些翅膀已经腐烂，无法再发光。

▲ 日本法隆寺

　　西院建成约百年后，法隆寺的东院开始修建。东院以高雅的八角形建筑梦殿为中心，里面设有一座圣德太子的"隐身雕像"，和其他神灵菩萨摆放在一起。之所以将圣德太子和神灵一起供奉，是因为这位太子成功完成了日本的初步统一，并把佛教定为国教，促使日本文化飞速发展。

　　日本的许多传说都和圣德太子有关，当初人们之所以修建法隆寺就是因为圣德太子经过奈良县的时候做了一个梦，梦中有一位天使出现在他面前。另一座古刹四大天王寺，也有类似的传说。相传，圣德太子曾祈祷若能战胜物部氏就造塔供奉四大天王，成功以后他为了履行承诺建了此庙。

　　圣德太子的一生充满各种奇异的传说，据说他的母亲因为一个金身和尚跳入其口中而怀孕，而他被视为金身和尚的转世。此外，还有人说他聪明绝顶，一岁就会念诵"南无阿弥陀佛"；七岁时就读完几百卷经书；说他飘逸俊秀，肌肤如雪，浑身散发出香气，是人间罕见的美男子，无人不为他着迷。

　　圣德太子是一位虔诚的佛教信仰者，奉佛法，建寺院。除了法隆寺和四大天王寺，他还参与建造了中宫寺、法兴寺、法轮寺、大安寺、广隆寺、阪田寺等，同时派遣多批使者和僧人留学中国，从佛教文化中汲取精进的智慧，可称得上是日本佛教的奠基者，被尊为"日本的佛法之皇"。

南都六宗

在圣德太子的大力倡导之下，佛教在日本迅速传播并成为国教，之后的日本历代天皇，如天武天皇、圣武天皇更是积极推行佛教，下令全国普建佛堂，置佛像，藏经卷，进行拜佛仪式。就连天皇自己也经常亲临寺庙，跪拜于佛像之前，狂热地自称"三宝之奴"……导致佛教在日本非常盛行。

日本朝廷为什么如此提倡外来的佛教文化呢？说到底，他们不过是希望借助佛教的灵光奴役百姓、镇护国家。当时的朝廷掌握着整个佛教界，并对所有与佛教相关的言行、活动有着严格的法律管控，比如不经政府认可，任何人不得随意出家，任何僧侣都不能自由布道。

在日本的奈良时代，佛教各宗僧侣杂陈的情形屡见不鲜，其中最有代表性的是三论、法相、俱舍、成实、律、华严这六大宗派。由于奈良是当时的京城所在地，六大宗派史称"奈良六宗"。后来由于朝廷迁都平安（今京都），所以"奈良六宗"又被称为"南都六宗"。

这些派别是根据不同的佛法教义研究进行区分的，而南都七大寺则是名副其实的佛教大学。比如大安寺和兴元寺主攻三论学，兼攻成实论；药师寺和法隆寺主攻法相学，兼攻俱舍论；关于律论的研究则在东大寺和大安寺……与此同时，同一个寺院经常出现几宗杂居、混合研究的情况，而且大多是一人兼学二宗以上。

可以说，所谓的"南都六宗"其实都属于一个学派，只是学僧们以哲学的方法研究各宗教义的书斋学问，而不是在信仰意义上的宗派之别。

由于日本佛教缺乏现实的基础，没有真正融入生活，所以佛教虽然在日本盛行，但是民众对于佛教中蕴含的高超教理、艰深哲学等不甚了解，他们只是把各种佛当作神一样顶礼膜拜，相信佛能够施予功德，帮助自己排忧解难，如此而已。

在日本说"禅"

在奈良时代，主张修习禅定的禅宗传入日本。

禅宗是典型的中国式佛教，当时一个名叫道璇的唐朝和尚，将唐朝的北禅宗传入日本，这是以神秀为代表的主张渐悟的一派禅宗。而后唐朝和尚义空东渡日本，教授佛学戒律，讲授禅宗理论。当时日本的檀林皇后大力倡导禅宗，专门为义空修建檀林寺供其居住授学，这正是日本提倡禅宗的开端。

然而，当时大多数的日本人对禅宗了解甚少，义空的信徒寥寥，檀林寺香火稀少，没多久他便返回大唐。直到12、13世纪之交的镰仓时代，日本和尚荣西在中国宋朝学习佛教正法后，将南禅的临济宗传入日本，弘扬其中的坐禅、渐修与顿悟原理，提倡"兴禅护国"学说，才真正开创了日本禅宗。

为什么禅宗会在镰仓时代兴起呢？因为禅宗不涉文字不依经卷，而是将佛教修行融入具体的日常生活之中，以心传心，理解契合，见性成佛。日常的挑水做饭、搬运柴草、静坐自省等活动，都是修行的一部分。这些修行方法简便易行，且具有明显的效果，很快就被大众所接受。

更重要的是，镰仓时代以及之后的一段时间，日本国内战乱频繁，整个社会动荡不安，社会激变中许多京都贵族走向没落，他们充满了对末世来临的畏惧，寄希望于寻求精神上的解脱，也越来越关注自身的精神世界。而禅宗那种不假外求、明心见性的主张，正好符合当时人们的精神需要。

另外一个重要原因是，镰仓时代兴起了一个新的社会阶层——武士。武士没有高贵的出身，没有强大的权势，如果想要担任高级官员，就必须依靠自己的奋斗。禅宗提倡"自成佛道"，这种自我的修行方法满足了武士的需求，对他们来讲是一种莫大的精神鼓励。同时，对于武士而言生死是无法预料、无法自控的事情，禅宗主张从顿悟之中解脱生死的羁绊，也十分迎合武士的心情。

此外，武士以实现集体、团体的价值为根本任务，这决定了他们必须具有强大的自我克制力，不能为食欲、物欲、爱欲等因素所左右，必须坚持一种刻苦严肃的生活方式。而禅宗提倡的也是清苦的生活方式，这对于武士而言，未尝不是磨炼自身武德、建立严格生活秩序的上好途径。

禅宗思想的核心内容是无心之境，这是一种强调直觉顿悟、超越分别思量的修行状态。日本武士高夫野义的剑术达到了"人剑合一"的境界，在《禅与剑术》一书中他如此描绘自己的剑道："当此同一境性一旦到达之时，身为剑手的我，也就没有面对我并威胁要刺杀我的对手可见了，而他所具有的每一个念头，也就像我自己的动作和念头一样被我感到了，而我也就直觉地，甚至不知不觉地知道何时以及如何去刺他了。所有这一切，似乎均皆自然而然，毫不勉强。"

正因为禅宗具有的这些积极作用，日本将军和武士都非常尊敬禅宗高僧。

大化改新

622年，圣德太子因病逝世。当时的日本国内矛盾重重，那些反对变革的保守贵族，为了兼并土地，争夺更多利益，相互之间连年争战，老百姓们苦不堪言。其中，外戚苏我虾夷、苏我入鹿父子擅权跋扈，不可一世，并希望通过操纵傀儡独揽大权，夺取皇室的土地和部民，天皇地位岌岌可危。

为了摆脱社会危机，加强天皇权威，日本皇室和中央大贵族中的另一批年轻有为之士，密切结交从大唐归来的留学生，决心消灭苏我氏父子，模仿法制完备的大唐帝国，革新政治，对日本社会进行根本改革。

645年，这些改革派推举博览唐朝典籍的轻皇子继承皇位，称孝德天皇，年号大化。随后孝德天皇颁布《改新之诏》，各项改革措施陆续出台，其主要内容为：废除皇室和贵族的私有土地，将土地收归国有；改革税收制度，实行租、庸、调制度；废除世袭氏姓贵族统治制度，建立中央集权体制。

这次改革史称"大化改新"，给日本历史带来了巨大变革，解放了部分生产力，经济得到发展；加强了中央集权，完善了统治制度，促进了国家的统一，为以后的发展繁荣奠定了基础，使日本由奴隶社会进入封建社会。不过这是一个逐步的过程，大约经历了半个世纪才算完成。

日本政府十分注重大化改新取得的成果，希望能将各项措施以法律的形式固定下来。668年，中臣镰足奉命编纂《近江令》，这是日本第一部正规法典；681年，天武天皇下令编纂《飞鸟净御原朝廷令》；701年，日本古代的基本法典《大宝律令》问世；718年，通过修改增删《大宝律令》制成《养老分律令》。

朱熹的日本门徒

284年，朝鲜百济国的儒生阿直岐出使日本，将中国传统的儒学思想带给日本贵族官僚上层社会。一年后，在阿直岐的引荐下，儒生王仁带着《论语》《千字文》等儒家经典也来到了日本，并且成为日本皇太子的老师。6世纪初，日本天皇曾要求百济王能够定期派遣谙熟《诗经》《尚书》《礼记》《周易》《春秋》的五经博士前来日本，讲授儒家学说。

儒学传入日本后，深受日本统治集团的认可，而且他们还将儒学融入本土文化之中，成为移风易俗、推行政策、培养人才的基本文化规范。比如，圣德太子的一系列政治改革，都是以儒经为变法哲学。为了吸取中国文化，使日本贵族官僚接受儒学，圣德太子多次向中国派遣留学人员。

其中，中国宋朝朱熹的学说，即"朱子学"是日本流传最广、影响最大的儒学思想。那些信奉朱子学的学者，在日本统称为"朱子学派"，藤原惺窝正是这一学派的开创者。

藤原惺窝18岁削发为僧，整日修习禅宗。后来读到中国宋儒的著述，又受到"朝鲜朱子"李退溪等几个学生的影响，逐渐开始承认朱熹关于四书五经的一些说法，之后离佛归儒。

当时已经有日本人开始学习儒学，而且朱子的思想也传播了好一阵，但是儒学真正从禅学中独立出来，摆脱死板的文字训诂，并且与日本神道结合起来，正是藤原惺窝的功劳。也因此，藤原惺窝被称为"日本朱子学之祖"。

当时藤原的门徒众多，其中林罗山、松永尺五、那波活所、堀杏庵等都是名冠一时的朱子学家，朱子学派在日本逐渐成为占统治地位的学派之一。

日本战国时代后期，德川家康统一日本后，为了有效管理全国，更好地维持幕藩体制，将思想控制作为重要手段，于是聘请藤原惺窝讲解《贞观政要》；录用林罗山为将军侍讲，参与政要；幕府第五代将军德川纲吉还建立了孔子庙；各地的藩主纷纷大兴儒学，聘用学者，设立藩校等。

江户幕府为何如此重视朱子学？说到底，是因为朱子学适应封建专制统治的需要。朱子学的核心价值观是三纲五常和大义名分，强调人们只有恪守尊卑等级，才能维持好社会秩序，有利于幕藩体制的设立和管理。就这样，在幕府的强制推崇下，日本朱子儒学逐渐普及于社会各个阶层。

这一点，从德川时期日本儒家读物的分类就能看得出来。在当时，武士读物包括《武教小学》《武士训》《士道要论》等，农工商读物有《大和俗训》《商人须知》《民家重量记》等，妇女读物有《女仁义物语》《女中庸》《女论语》《女大学》《本朝烈女传》《女五常训》等，儿童读物包括《本朝三字经》《和俗童子训》《大和小学》《民家童蒙解》等。

扶桑心学

朱子学传入日本的同时，阳明心学也渐渐地被日本人所知，而且极大地推动和影响了明治维新。

关于阳明心学是什么时间传入日本的，历史上并没有详细的记载，只是提到17世纪时经由中江藤树真正形成了一个学派。中江藤树原本是一个朱子学者，但是他又觉得朱子学太重视三纲五常，而缺乏体察和内省。37岁那年，一个偶然的机会他拿到了王阳明的全部作品，读后顿时感觉醍醐灌顶，从此放弃了对朱子学的学习研究，转而开始研习阳明心学。

依照王明阳的说法，良知构成人心的本质。对此，中江藤树深以为然。中江藤树在生活中是一个孝子，他非常推崇孝德，认为孝德是任何人都具有的良知，天地万物都存在于孝德之中。他用阳明心学把《大学》《中庸》和《论语》贯穿起来，还把这些儒家学说同本国神道结合起来，形成了神儒合一的理论。

由此不难看出，日本的阳明学派虽然继承了中国的阳明思想，但是也融入了本民族的文化思考。在"知行合一"的问题上，他们把儒学和日本神道相结合，把朱熹"格物穷理"的理论和王阳明"重实行"的思想相结合。因为这种科学有效的学习方法和思考方法，日本人才能快速接纳西洋学术。

"兰学"入侵

不得不承认，日本是一个善于学习外来文化的民族。每当看到优秀的、先进的中国文明时，他们就会主动去学习，不断地追赶，不断地超越。近代以来，随着西方国家的发展壮大，日本人看到了西方文明的可取之处，于是又开始了一段学习西方知识的奋斗史，直到今天也未曾停止。

日本与西方文化的最初接触，大约在16世纪中期。那时是大航海时代初期，葡萄牙人、西班牙人、荷兰人从海上抵达日本，由于这些欧洲人多从南方沿海登陆，所以日本人一开始称他们为"南蛮人"，把他们带来的枪炮等技术叫作"南蛮学"或者"蛮学"，这些"蛮学"主要是以葡萄牙语进行传播的。当然还有一部分技术是荷兰人传过来的，主要以荷兰语进行传播，日本人就把这种学问称为"兰学"，为了掌握这些西方的科学技术，德川幕府时期的日本人曾努力学习荷兰文。

当时登陆日本诸岛的除了"蛮学"和"兰学"，还有基督教思想。不过，德川幕府并不接受提倡信仰与人性论的基督教，下令禁止传教士在日本国内进行传教工作，后来甚至发展为禁止西方文化的传播。1633年至1639年，幕府连续五次发布禁止对外交通和贸易的"锁国令"，限制日本与外国的一切往来，只留下长崎进行海外贸易，而且只允许和中国及荷兰保持往来。

随着"兰学"在日本的传播，越来越多的日本人渐渐认识到西方科学文化的特点，就连德川幕府的将军们也不例外。1720年，第八代将军德川吉宗正式解除"不准许输入荷兰书籍"的禁令，之后日本的知识阶层掀起"兰学热"，"兰学"在日本医学、天文学、物理学等多个领域都有所发展。

1838年，日本武士在大阪设塾"适斋"传授"兰学"，几乎每天都有学生慕名登门就学，总人数高达30000多人。适斋门下人才辈出，如福泽谕吉、桥本佐内、大村益次郎、吉田松阴、高杉晋作、木户孝允、伊藤博文等人，都是活跃在幕末与明治维新时代的杰出人才。

虽然"兰学"传授的是西方的科学技术，但对于日本人而言，它还是近代的启蒙思想，给日本的思想界带来了巨大的冲击。日本人一方面开始对传统文化的鄙陋之处进行批判，另一方面开始讲究技术的实用，探讨经世的思想。就这样，日本启蒙思想史上出现了两条截然不同的发展主线：一条主线是东方儒学的人道主义思想，另一条主线是以"兰学"为开端的西方科学文化。

日本近代哲学之父——西周

要研究日本近代的哲学史，西周是一个不可忽略的名字，他被誉为"日本近代哲学之父"。中国古代是没有"哲学"这个名词的，正是西周将西方的"philosophy"定义出一个重要的中文名词——"哲学"。

西周是一名中西贯通的学者，属于最早研究西方科学文化的一批人。一开始，他把"philosophy"译作"西洋性理之学"，因为他认为，"philosophy"所讲的东西跟中国宋代学者"性理之学"的提法有很多共通之处，既包括对于世界本原的讨论，又包括对于人生的讨论，于是他就在"性理之学"前面加上"西洋"二字，指代这是从西方传过来的性理学问。

西周出身于士族家庭，自幼接受儒学教育，此后开始学习荷兰语及英语。1857年，西周进入幕府的翻译机构，有缘接触了近代西方的自然科学与社会科学的知识，于是逐渐倾向于研究"兰学"。五年后受德川幕府派遣，西周留学荷兰，留学期间他深切地体会到了西方的人文智慧，深受法国人孔德的实证主义和英国人穆勒的功利主义的影响，并认可了孔德批判儒家虚理的一些学说。

当考虑"philosophy"这个词的译法时，西周联想到自己所接触到的东方文化传统，特别是儒家文化，并试图从中找到它的对应物。但是，"philosophy"这个词是从希腊文转译过来的，本义是"爱智慧"，将之译作"西洋性理之学"只是"意译"，并非"直译"。为了保持字面上的一致性，西周后来又把"philosophy"译作"希哲学"，其含义是"希求贤哲的学问"。但这种译法也称不上理想，后来经过多次推敲和比较，西周决定将"philosophy"译为汉字"哲学"。

《百一新论》是西周的代表作品之一，在此书中他明确提出"philosophy"的译名为"哲学"，还将"主观""客观""理性""悟性""现象""实在""归纳""演绎"等汉字引为哲学术语。西周是第一个将西方哲学系统地介绍到日本的人，也造福了用汉语思考西方哲学问题的人群。

难能可贵的是，在介绍和移植西方哲学时，西周将哲学分为心理学、本体论、逻辑学、政治学、美学、伦理学和哲学史等，这几乎涉及了哲学学科的各个方面。

日本启蒙之父——福泽谕吉

庆应义塾大学，通称"庆应大学"，是日本著名的综合研究型大学，主校区位于日本的三田。这座大学的前身是经荷兰传入日本的一个小型私塾，是江户时代一所影响深远的传播西洋自然科学的学堂，至今已有一百多年的历史。在它的正门入口处有一座铜人像，这便是"日本启蒙之父"福泽谕吉。

作为日本近代著名的启蒙家，福泽认为人是平等而自由的，每个人都具有相同的自然权利，人与人之间也没有高低贵贱之分。虽然自幼生长在门阀观念极为浓厚的社会环境里，但他没有嫌贫爱富的想法，也不屑于巴结政要。他以一介平民的身份，活跃于日本各界，指导日本迈向文明。

鉴于福泽本身具有强大的影响力，是一位一言九鼎的人物，政府多次邀请他出任部长，他全部一一婉拒，并解释说："我最厌恶变化莫测的政治！"

当时经常有人登门造访三田的福泽公馆，这些人身份不一，有身份显赫的部长级官员，有功绩赫赫的大将军，还有普普通通的百姓，福泽对所有人都一视同仁。

有一次外交部长前来拜访时，福泽正在接待一位前来觅职的学生，他没有第一时间接待外交部长，而是让外交部长稍等片刻。到了用餐时间，福泽将外交部长和学生一起邀请到一所木造的餐厅共同进餐。即便对方是一掷千金的大豪富，福泽也会以地瓜之类的粗茶淡饭接待，从来不会有例外。

福泽倡导独立自尊的精神，他终其一生都致力于此。

"独立""自尊"强调的是个人精神，在国家方面，福泽谕吉常常提醒世人的是，"富强"和"文明"。他认为，一个国家要想强大起来不仅仅是物质层面的事情。当时有些日本人认为如果日本能和英国一样拥有千艘军舰，那就能一跃成为居世界之首的海军国家。

福泽认为这是一种错误的想法，英国的上千艘军舰不仅建立在拥有一万艘商船和十万名航海人员的基础上，而且还具备学问、艺术、政治、实业以及一切发达文明，各种人才各司其职，这些才是能操纵这些军舰的真正原因。如果日本人只是具备先进的军事设备，却不学习英国的技术文化，也不培养各种人才，那就好比跟着西洋人抽雪茄一样依样画葫芦，根本不可能成为真正的强国。

▲ 日元上的福泽谕吉

在福泽看来，"日本应先发展商业，使文明蓬勃旺盛起来"。在这里，与其说"文明"是西方科学技术方面的文明，倒不如说这是一种向前向上的独立精神、一种不知疲倦的进取心。一个人只有敢于追求自己的理想，充分发挥自己的才干，达到德智双修的程度，才是一个进步的人，国家亦是如此。

有一次一位学生入庆应义塾，福泽询问学生家里是做什么的，学生回答卖酒。

"一升酒中米和水的比例是多少，你知道吗？"福泽追问道。

学生摇摇头，说："这我不太清楚……"

福泽非常严肃地说道："你连自己家所经营的生意都没有搞清楚，这种漫不经心的态度怎能求好学呢？你回去吧！"

"老师，我有自己的想法！"该学生抗议道。

"什么想法？"福泽问。

"我们家虽然是经营酒生意的，但是我没有经商的头脑和才能，我觉得自己只有求学才能有所进步，将来有所作为。这就如同戏法一样，很多人都会变戏法，却各有各的巧妙之处。在自由平等的社会中，每个人都是不一样的，都可以选择做自己喜欢的事情，有权朝着自己的理想勇往直前。"

福泽终于欣慰地笑了，自此特别器重这个学生。

"东洋卢梭"——中江兆民

卢梭是法国启蒙运动中最卓越的代表人物之一，他主张国家的形成和政府的组建应该是人民共同意愿的表达，国家的行为需要体现人民追求自由的意愿。对于卢梭的这一观点，日本思想家中江兆民甚为信服，他翻译了《社会契约论》（当时译作《民约译解》），在日本国内积极传播卢梭的民权思想。

关于"自主"这个词，中江兆民给出了一个新颖的解释，他认为"主"字是在"王"的头顶钉一颗钉子，为的是镇压"王"的权威，让人民成为自己的主宰者。一个人只有靠自己，才能将生命活出价值和意义。中江兆民不只是这样想的、说的，他还几乎用尽了一生的力量来实践这样的理想。

中江兆民公开反对君主世袭制度，指责政府的某些行为不妥，提倡日本实行"君民共治""地方分权"，为此屡次遭到政府警告。晚年不幸患癌症时，医生说他只能再活一年半。为了把自己的理念告诉更多后人，他在同恶疾苦斗中写出著作《一年有半》和《续一年有半》（一名《无神无灵魂》）。

"假使沿袭古人的思想，也就是如同在古人的田地里播种收获，那就是剽窃。生在古人之后，就要在古人开拓的田地之外另行播种，另行收获。"

"赶快从根本上改革教育，努力培养活跃的人民而不是死板的学者。"

"大国人民和小国人民的区别，不是由于疆土的大小，而是由于他们的气质、胸襟的大小。"

"大丈夫一旦诞生在这个地球上，就应该在这里留下一个巨大的脚印。"

做一个豪迈坚强的人，这是中江兆民的毕生理想，他在人生之路上留下了一行清晰的脚印，启迪和影响了无数日本青年，人送称号"东洋卢梭"。

日本近代哲学的宗师——西田几多郎

在日本京都的银阁寺旁，有一条大约2公里长的小道，沿途种满了樱花树与枫树，旁边是琵琶湖疏水渠，这就是日本著名的"哲学之道"，因京都大学哲学教授西田几多郎常常在这里散步而得名。一条道因为一个人而得名，这和康德的"哲学大道"一样。

西田几多郎将东方的佛教思想和西方的哲学思想相结合，实现了东西方思想的内在统一，确立了一种独特的哲学体系，在日本哲学界被公认为"独创的哲学"，西田几多郎本人也因此被称为"日本近代哲学的宗师"。处女作《善的研究》出版之日，正是西田几多郎哲学思想的诞生之日。

西田几多郎为什么会将东方的佛教思想和西方的哲学思想相结合呢？这与当时的时局有关。明治政府在政治上具有保守、专制和反动的特征，曾策划对多位自由民权派人士的刺杀活动，反对民权和民众要求自由的意愿，这让西田几多郎对政府倍加失望。为了寻得心灵解脱和寄托，他开始专心参禅。长达数十年的参禅体验中，他不断自我反省，形成了相对成熟和系统的思想和理念。

明治维新时实行"文明开化"政策，西方近代哲学思想在日本广泛传播，这些哲学家的思想，尤其是詹姆士的"纯粹经验说"启迪了西田几多郎。通过一番学习和研究，他提出了自己的"纯粹经验说"，认为认识一件东西的时候，我们常常夹杂着个人主观的意识，

"我看到了""我感受到了"……西田几多郎认为，这不是原初的经验，容易导致人做出错误判断，真正的经验应该是不掺杂个人感受所感知的东西。比如，当看到一种颜色或听到一种声音时，我们不必思考和判断这是什么颜色，这是什么声音，只是知道自己看到了一种颜色或听到了一种声音，这才是最纯粹的经验。

最纯粹的经验发生在任何杂念入侵心灵之前，追求的是内心的安宁和精神的自由。为此，在某种程度上可以说，这和禅宗、阳明心学都是相通的。想来正是因此，西田几多郎才需要找一条僻静的小道，屏蔽周围的干扰，抹去尘世的烦忧，到片刻的宁静中冥冥沉思，让最纯粹的东西从心灵深处涌现出来。

汤川秀树是日本著名的物理学家，曾获得1949年诺贝尔物理学奖。他写过一首优美别致的和歌，写的就是西田几多郎——

在镰仓，
一条幽深的山谷里，
一个人正在沉思着。

京都学派

了解日本历史的人，必知"京都学派"。

京都是日本的千年古都，亘古的青山，长流的清水，幽静的寺庙，寂寥的深巷……如此优雅古典的地方，当然也是一块做学问的风水宝地。

作为日本国内的最高学府之一，京都大学在全球享有很高的声誉，一直被人称为"科学家的摇篮"。对于京都大学的人来说，最令他们引以为豪的是，1949年至1987年，这里孕育了四位诺贝尔奖得

▲ 日本京都的金阁寺

主：汤川秀树、朝永振一郎、福井谦一和利根川进，而令世人瞩目的京都学派也诞生于此。

当时西田几多郎在京都大学文学部任职，最早的京都学派就是由他以及他的弟子田边元、三木清等人倡导发起，他们出于兴趣和执着对日本哲学展开了深入研究，提出了一些独到的见解，后来日本学术界把这一称呼用来指京都大学所塑造的求知若渴、主动学习的进取者。

在当时京都大学的哲学讲坛上，这些思想者不遗余力地阐释东方的传统哲学和西方的现代哲学，并围绕着历史与存在、社会与个人等问题，展开独立的思考和热烈的争论。据说即使在常人看来芝麻般的小事，京大教授也会饶有兴趣地展开讨论，只要是合乎学术道理的，他们就会义无反顾地进行理论研究。一时间，京都一地思想活跃，东西会通，才使京都大学形成了闻名遐迩的京都学派。

正是凭借这种好学进取精神，京都大学成为独树一帜的存在，在世界诸多大学中立足。如今京都大学虽然已经逐步发展为一所拥有诸多学科的综合大学，京都学派的内涵也已经不再局限于哲学的思想论坛，但是京都学派的学术精神依然为人所津津乐道，依然值得我们学习和借鉴。

三国时代话佛祖

　　当中国的佛教传入朝鲜半岛时，朝鲜恰逢高句丽、新罗和百济三国鼎立的时代，虽然当时三个国家都接受了佛教，但从时间上看，高句丽是最早的。

　　372年，中国东晋僧人顺道携带佛像和经文出使高句丽；374年，僧人阿道也前往高句丽。高句丽的国王小兽林王兴建肖门寺和伊弗兰寺，以供顺道和阿道居住，广传佛法。20多年后，东晋昙始禅师前往高句丽宣教。顺道、阿道和昙始，三位著名的传教僧成为高句

▲ 高句丽王陵

丽王国佛教的启蒙者。

384年，印度高僧摩罗难陀经由中国东晋来到百济国传法，百济国在汉山州创建佛寺作为佛法道场，一些百济人跟着皈依佛门。

佛教在新罗传播时，发生了一段曲折的故事。

早在5世纪上半叶，佛教就已经通过高句丽的佛教徒传入新罗。当时的新罗国人尊自己的民族神为唯一的最高神，对外来的佛教非常抵制，再加上没有得到国家的承认，所以佛教思想少为人知。进入6世纪后，一些人感受到了佛教对于人的心灵的教化和震撼力量，佛教才渐渐地在民间传播开来。

527年，新罗国的法兴王提倡佛教，却遭到许多贵族大臣的反对，因为他们认为自身的显赫地位是新罗的民族神赋予的，民族神的地位不可动摇。一位叫异次顿的大臣坚决支持佛教，为此自请斩首以定众议。看到异次顿为了佛教而舍身，法兴王终于下定决心宣布佛教为新罗国的正式宗教。

到了6世纪，佛教已经在整个朝鲜半岛广为流传，而且影响很大。

朝鲜佛教的圣地——金刚山

在如今朝鲜和韩国的交界处，有一区域奇峰峻岭，连绵不绝，相传有 1.2 万个山峰，而且山上石峰经常闪着璀璨的光辉，犹如闪耀着的金刚石，十分壮观，故称金刚山。

金刚山为朝鲜半岛的第一名山，按季节享有各种美称：春季，叫作金刚山；夏季，林木郁郁葱葱，山间的云朵环绕在四周，宛如置身于仙境，又称蓬莱山；秋季，漫山似火的枫叶与山水相互交映，又称枫岳山；冬季，满山的草木凋零，露出奇岩怪石，所以也叫皆骨山。

金刚山包括"外金刚""内金刚""海金刚"三个不同地区，其中万物相、集仙峰等都属于"外金刚"，再加上高大的瀑布，风景雄伟，充满豪情，代表着男性美；"内金刚"则以万瀑洞等柔和秀美的溪谷著称，代表着女性美；"海金刚"则为碧波荡漾、天高海阔的海景湖色，令人心旷神怡。

"金刚"是梵语"Vajra"的意译，原指异常坚固，不可替代或毁坏的东西，引申为对佛教牢固的、不朽而坚韧不变之心。所以，人们称自然界存在的最坚硬的钻石为金刚石。

朝鲜佛教中有一个传说，说法起菩萨曾带着 1.2 万个眷属在金刚山停留，因此金刚山被尊为朝鲜佛教的圣地。

带着茶香的佛经

中国是茶文明的发源地，这一文化流传国外时，最早到达的是朝鲜半岛。

茶文明的传播，是与佛教的传播交融在一起的。4世纪末，佛教由中国传入朝鲜。在中朝两国华严宗、天台宗禅师的往来过程中，茶文化随之传入朝鲜半岛，当时朝鲜的宫廷人士中已有饮茶嗜好。

不过饮茶成为日本社会生活中的重要习俗，是在唐宋时期。唐代时期，朝鲜新罗王朝统一半岛，开始大力推广唐文化。日本最澄

▲ 日本人的饮茶室

禅师和空海禅师前来学习佛法，并接触到了饮茶文化，回国时他们将茶种和制茶工具带回日本，栽种在寺庙周围，日本从此开始了茶的种植与生产。

宋代时期，日本荣西禅师两次来到中国学佛，在钻研佛教经典之余，也研究寺院的饮茶方法。返回日本后，他写出《吃茶养生记》一书，这是日本的第一部茶书，介绍了饮茶文化，制定了饮茶仪式，荣西禅师被称为"日本茶祖"。

当时，朝鲜松应寺、宝林寺和宝庆伽寺等著名寺院都提倡饮茶。不久，饮茶的风俗也在朝鲜民间广泛流行起来。

元代时期，圣一禅师将中国沏茶的具体方法和礼仪，即"点茶法"和"斗茶"习俗传入日本，渐渐衍生出现今的日本茶道。

由于佛教僧侣在茶文化发展中起到的重要作用，佛教的传播一直是一段伴着茶香的旅程，佛教也被称为中国茶叶向海外传播的桥梁。

吵了一百年的架

在朝鲜的哲学史上，曾经发生过一场持续近一百年的大辩论，先先后后几代哲学家都积极参与其中，这就是朝鲜的"四七论辩"。

为什么被称为"四七论辩"呢？"四"指的是儒家所说的"四端"，即仁、义、礼、智四种道德品质；"七"是指儒家所说的"七情"，即喜、怒、忧、思、悲、恐、惊。无论是"四端"，还是"七情"，都是儒学中的基本概念，它们所要研究的问题都是人的本性。

这场大辩论的发生，源自朝鲜高句丽王朝末期、李氏王朝初期的哲学家权近。权近是"朱子学"的大家，他在代表作《入学图说》中提出，"四端是人的本性的出发点，所以完全是善的；七情是人的内在状态，有善有恶"。他认为"四端"来自"理"，是规律性的东西，而"七情"来自"气"，是一种物质元素。如果"七情"能够符合人的道德本性，就是好的，反之就是不好的。

权近的这番论述成为"四七论辩"的一个引子，后来的哲学家李退溪正式掀起这场辩论。李退溪认为"四端"是人的道德品性，体现了宇宙的正道，因此可以以"理"为主，以"气"为辅；而"七情"是由"气"派生出来的，是人的一般情感，谈不上是否符合"天理"，因此可以以"气"为主，以"理"为辅。

李退溪的这一观点遭到学生奇大升的质疑，奇大升认为"四端"和"七情"没有绝对的区别，是"气"和"理"共同作用的结果，也没有必要进行划分。

就这样，李退溪和奇大升这对师徒展开了辩论。除他们以外，还有许多儒家学者参与了这场大辩论。比如比李退溪小30多岁的李珥不仅反对李退溪把"四端"和"七情"分开，而且反对他对"理"这一概念的理解，认为"理"是看不见摸不着的，而人所有的性情都是从"气"里面生出来的，"气"是看得见摸得着的，自然也包括了"四端"之类的道德品性。

李珥的学生宋时烈基本上同意老师的这一番见解，不过也针对这个问题发表了自己的看法，他认为朱熹的思想是正统的开始，是不会有错的，即便是错，也是因为后人的理解不到位。由于宋时烈的思想迎合了当时朝廷的需要，最终成了李氏王朝后期的正统思想，"四七论辩"自此才算告一段落。

实学的勃兴

当得知"四七论辩"谈论的内容时，相信有不少人会发觉，"朱子学"的哲学观点和实际生活并没有多大关系，甚至是一种对性理的空谈。后来正是因为这一哲学脱离了生活，逐渐被人们所抛弃。

17世纪时，朝鲜的封建社会已经进入了衰落期，再加上日本人的不断侵略，当时的李氏王朝元气大伤，国力渐衰。另一方面，朝鲜的商品经济、对外贸易发展越来越快，一些思想开明的士大夫开始反对"朱子学"，转向倡导思想学术应该对社会起到积极的实际作用的另一派儒家学说——"实学"。

这些实学家们虽然也谈论一些比较抽象的哲学问题，但是他们已经先人一步看到了国家的落后，强调事实经验，更强调实用价值，认为哲学最终的目的还是讲究实际的。他们希望能够通过认识朝鲜民族的历史传统，利用自然科学技术改革当时的社会，借实学来建设一个现代化国家。

其中，柳馨远和李翼是实学的代表人物，他们对儒学、天文、地理、历史、数学、音乐、文学、医学等都有研究，堪称"百科全书"。

由于掌握了多方面的自然科学知识，实学家们基本上都坚持唯物主义立场，认为这个世界是一种物质性的存在。在"理"和"气"的关系上，他们认为世界中的一切都源自"气"，而"理"只是事物内部的东西。

在思考问题的时候，实学家们也都坚持从实际生活出发，追求实干。比如，他们建议对工业和农业进行改良，主张对土地分配制度、税收制度、教育制度、人才选拔制度等影响人们实际生活的问题进行改革。实事求是，讲究实效，实学这一哲学思想的出现，正是社会和时代的要求。

正宗的朝鲜货——东学

自19世纪60年代开始，朝鲜社会逐渐走向没落，当时一个叫崔济愚的人为此感到担忧，立志要改造自己的国家。在基督教的影响下，他结合朝鲜的民间信仰，又融入儒释道，创立了属于朝鲜的一种宗教哲学——"东学"。

"东学"的意思就是"东方的朝鲜之学"，由于这是一种宗教性的思想，本意是要对抗西方的基督教思想，因此又称"东道教""天道教"。

其实说东学是宗教性的思想，不太妥当。因为崔济愚认为，支配万物鬼神的不是上帝或者真主，而是一种叫"至气"的东西。但是他又强调，"至气"就是"天主"，每个人的心里都有"天主"，所以人人都是平等的，没有高低贵贱之分，并反对封建门阀制度和封建等级观念。

此外，崔济愚还把自己封为天道教第一任教主，将东学发展成为一个组织，这就是"东学党"。崔济愚当教主时，东学思想虽然已经开始传播，但组织的规模并不大。直到东学党的第二任教主崔时亨的出现，大力弘扬东学思想，并完善了各级机构组织形式，东学党才开始盛行于朝鲜。

崔时亨是崔济愚的第一弟子，他信奉老子的《道德经》和释迦牟尼的《佛经》，摘抄其中精华，并融合自己的理解和感悟，到处传授，后来率众公然和朝廷作对。

1894年，崔时亨率领东学党起义，这是朝鲜历史上第一次大规模的反帝反封建的农民革命运动，史称"甲午农民战争"。

当时的朝鲜政治腐败，财政困难，粮饷不发，军队无力作战。为了平定国内叛乱，朝鲜朝廷向中国清政府请求出兵。6月，清政府派出1.5万清军登陆牙山。日本以清军赴朝为借口，陆续派出军队从仁川港登陆。7月，日军占领汉城，策动政变，建立了一个亲日傀儡政府，完全控制了朝鲜。

1894年7月25日，蓄谋已久的日本挑起了中日甲午战争……

▲中国甲午战争博物馆

第十辑

天竺之国的哲学传统

印度最古老的宗教历史文献——《吠陀》

印度最古老的宗教历史文献，为《吠陀》。"吠陀"一词源于梵语，是"Veda"的音译，意思是智识，由见识而生智。雅利安人称此为七畞所作，是天启的圣典。

《吠陀》包括多部具体的经典，通常的说法是包括了"四吠陀"，分别是《梨俱吠陀》《沙摩吠陀》《夜柔吠陀》和《阿闼婆吠陀》。

四部《吠陀》的具体内容，如下所述：

《梨俱吠陀》是四部《吠陀》中最重要的一部作品，大约在公元前1200年完成，比其他三部都要早。全书由1017首诗组成，共计10580颂，分为十卷，内容主要是雅利安人居住在五河地区时，诗人歌颂自然现象和社会现象的诗句以及祭祀诸神的赞歌，是世界上最古老的诗篇。

《沙摩吠陀》汉译名称为《赞颂明论》，由1549颂所组成，分为两卷，是苏摩祭祀所用的赞歌，其中多是预祝丰年的赞歌。

《夜柔吠陀》记录的也是祭祀用的赞歌，其中"夜柔"就是祭祀的意思，由韵文与散文混合而成，是雅利安人离开五河移居阎牟那河拘罗后所作的赞歌。

古代印度称前三部《吠陀》为"三明"，与前三部公认的圣典不同，《阿闼婆吠陀》是后来附加的，因为它的内容全是个人咒法，是土著达罗毗荼人中间流传的降福、禳灾或诅咒仇敌的咒语，后来才被雅利安人吸收采用到祭典中。

　　大约公元前800年至公元前700年间，印度文化进入"梵书时代"，所谓"梵书"就是对四部《吠陀》的解释。《吠陀》几乎全是祭祀的圣歌，而梵书重在讲解祭祀上的仪式。

关于四种姓

四种姓亦称西域四姓，代表的是古代印度婆罗门教的四种社会阶级。在梵语中，婆罗门代表的是"神学的掌握者"，可以帮助人们净行和静志，而婆罗门教起源于五河时代的吠陀教，由雅利安人正式确立。

为了扩大自己的疆土，作为游牧民族的雅利安人，不断入侵各个民族，他们首先入侵印度河及其支流地区，即所谓的五河流域。雅利安人征服五河流域的达罗毗荼族和其他土著后，为了进行彼此之间的区分制定了种姓。雅利安人将梵语中"Varna"叫作种姓，它的原意是颜色或品质。

梵语"Aryan"是神圣或高贵的意思，雅利安人以此代指自己，意思是白肤色的雅利安人是品质高贵的种族，而被征服的黑肤色土著，即所谓的非雅利安人是品质低贱的种族。

印度的祭祀仪式是比较烦琐的，非专业的人士不能胜任，于是雅利安人培养了一批专业的司祭者，而司祭者是可以世袭的，这就形成了婆罗门阶级。

雅利安人不断东征西伐，战争年代需要战士，于是有了专业战士的阶层，即刹帝利阶级。

而那些从事工农商业的人民，则被称为吠舍族。

首陀罗族则代表的是原来被征服的土著，这一种姓也有部分农人、牧人，但大多都是仆役及奴隶。

四种姓的等级顺序依次为：婆罗门、刹帝利、吠舍、首陀罗，其中婆罗门是最高层的阶级，掌握神权，主管祭祀，有解释经典的权利；刹帝利阶级和婆罗门同为统治阶级，包括国王、武士、官吏，主管军国大事；吠舍族包括农民、牧民、手工业者、商人等，向神庙上供，向国家纳税，受上两种姓的统治及压迫；首陀罗族受上三种姓的奴役，一生从事卑贱的工作，并且连信奉宗教的权利都没有。

四种姓遵循的是世袭制度，以及严格的隔离制度，绝不允许不同种姓之间通婚，尤其禁止首陀罗和其他种姓通婚。如果首陀罗男子和其他种姓女子通婚，所生子女会被称为"旃陀罗"，这是极度卑贱的种族。此类人不可住在村镇中，而且走到哪里都会遭到人们唾弃，一生只能从事屠夫、刽子手、扛死尸者等微贱的职业。印度现有7000万旃陀罗人，常游行请愿以争取自身权利。

随着婆罗门教中"吠陀天启""祭祀万能""婆罗门至上"三大纲领的建立，婆罗门的地位不断得以巩固和加强。至今，印度依然存在严酷的种姓制度，大大束缚了国家的发展。

正统派与非正统派

在印度宗教与哲学中，出现了"正统派"和"非正统派"两大派。

其中，正统派指的是承认婆罗门圣典——《吠陀》具有至高权威的哲学派别，又被称为婆罗门教系统的哲学流派，包括数论派、瑜伽派、胜论派、正理派、弥曼差派和吠檀多派，常称为"正统六派"。另外，印度文法哲学派的某些理论和婆罗门教的正统思想很接近，因此也可以称为正统派。

而非正统派指的是怀疑或反对《吠陀》权威的哲学派别，又被称为非婆罗门教系统的哲学流派，包括常被称为"异流三派"的佛教、耆那教和顺世论。产生于沙门思潮的邪命外道，又被称为"生活派"，主张一切都由命定，无人力、无作、无精进、无人势，不承认婆罗门教的权威思想，也被称为非正统派。

印度为什么把婆罗门教系统的哲学流派称为"正统派"，而称其他流派为"非正统派"或"异流"呢？这里的重要依据是，婆罗门教是印度历史上出现较早的教派，多年来一直在思想界和政权界中占据主导地位，拥有的信徒最多，影响的范围最大，在人们心中早已形成了根深蒂固的权威形象。

即便佛教、耆那教等宗教流派在印度历史上也产生了较大的影响力，甚至多次成为一些统治王朝的主要宗教信仰，但是未曾长期占据主导地位，影响力也始终不及婆罗门教。

婆罗门教

作为印度古老的哲学派别，婆罗门教的形成与印度最早的文明——印度河文明密不可分。约公元前1500年至公元前900年，印度河文明时期的原始信仰主要有自然神崇拜、母神崇拜、生殖器崇拜。婆罗门教汲取了这方面的内容，有不少成分正是由印度河文明时期已经存在的宗教崇拜中演化过来的。

雅利安人的到来开启了印度历史上的新文明——"吠陀时代"。之所以叫"吠陀时代"，是因为这一文明形成的重要标志就是吠陀文献的出现，婆罗门教自此真正成为一个有明确信仰或完整教义的派别，并且历代的婆罗门教教徒都将吠陀文献奉为经典。

"吠陀时代"的出现，标志着印度进入阶级社会，基本形式就是种姓制度，最主要的即婆罗门、刹帝利、吠舍、首陀罗四种姓。关于四种姓的社会地位，吠陀赞歌中的"原人歌"曾明确提及婆罗门是原人的嘴，刹帝利是原人的双臂，吠舍是原人的双腿，由原人两足生出的则是首陀罗。婆罗门教的演变和发展现实地反映了印度种姓制度，体现着婆罗门阶层的利益和意识形态。

在"吠陀时代"的最初阶段，由于印度宗教没有单一的信条，多数印度教徒保持多神崇拜的特点。而在这一时期的较后阶段，多数印度教徒已经转变为主神崇拜或一神崇拜，吠陀宗教中崇拜的梵天、毗湿奴等成为婆罗门教崇拜的主神。

从广义的意义上说，吠陀也包括《梵书》和《奥义书》。其中，《梵书》对各种祭祀进行了系统而集中的论述；《奥义书》通过对婆罗门教哲理的主要论述，整理了婆罗门教的基本教义，培育了民众的信仰。

《奥义书》时期，婆罗门教在崇拜对象、祭祀礼仪、教义哲理方面实现确定化和系统化，这也表示着这一宗教已经完全形成，在思想界的主导地位也确立起来了。作为印度传统文化的核心，婆罗门教的产生意义重大。

婆罗门六派

经过吠陀时期和史诗时期的历史演变，印度婆罗门教逐步建立起独立而完善的哲学体系。在公元前2世纪至公元前4世纪之间，又陆续产生了六个重要的哲学派别，分别是数论派、瑜伽派、胜论派、正理派、弥曼差派和吠檀多派，统称"六派哲学"，此六派认可婆罗门教系统的哲学，属于"正统派"。

相传，数论派的创始人为公元前4世纪左右的迦毗罗，理论之定形与集大成者则为"自在黑"。这一学派的根本经典典籍为《数论颂》，其他经典为《金七十论》《六十科论》《明谛论》《数论经》等，以"二元二十五谛"为基本哲学体系，提倡"因中有果论""三德说""三分法量论"及"解脱论"等。

瑜伽派创立于公元前2世纪左右，创始人为钵颠奢利，根本经典典籍为《瑜伽经》，提倡"心作用""三昧""八支行法""神通力"等。瑜伽修行包括"等至""止息""静虑"等，是抑制心的作用的手段，和数论派在某种程度上相辅相成，数论是瑜伽的理论根据，瑜伽是数论的修行方法。

和瑜伽派相近的胜论派也创立于公元前2世纪左右，相传创始人是迦那陀，此派的经典典籍有《胜论经》《摄句义法论》《胜宗十句义论》等，基本理论集中表现在对"句义""现量""比量"的论述。此外，还有"极微说""因中无果论"等，是印度古代最有代表性的唯物论学说。

正理派音译为"尼夜耶"，意思是借助某一思想引导出一个结论。该学派的创始人相传为乔达摩，经典典籍是《正理经》，基本学说为"十六谛"，提出了量、动机、实例、论议、似因、曲解等十六个用于推理和辩论的基本概念或范畴，确立了逻辑学中"五支论式"的推论方法。

弥曼差派的创始人相传为阇弥尼，经典典籍《弥曼差经》编成于公元前2世纪左右，主要研究的是婆罗门教的祭祀活动，主要理论有"量论""声常住论"等，这里的"声"指语言、观念或知识，特别是关于吠陀方面的言语知识。此外，弥曼差派还有和《吠陀》神学相对立的无神论倾向。

在"六派哲学"之中，吠檀多派是影响最大的学派。相传创始人是跋陀罗衍那，其作品《梵经》为该派的根本经典。《梵经》编成于公元200年至450年间，主要对《奥义书》中梵、我、幻的哲学理论进行阐述，提倡"梵我同一说"，即物质世界和我都是由梵构成的，商羯罗是此派最著名的思想家。

沙门思潮

在印度列国时代，出现了一种"沙门思潮"。在梵语中，"沙门"是勤息、息心、净志的意思，所谓"沙门思潮"就是与婆罗门教相对立的宗教教派和思想流派的通称。

婆罗门教在古代印度宗教领域中长期占据重要地位，为何会遭到沙门思潮的冲击呢？这里有着深刻的社会原因。

从宗教自身来看，婆罗门教既没有严密的组织系统，也没有系统的宗教讲义。他们宣扬吠陀天启，鼓吹祭祀万能，强化崇拜信仰，可是《吠陀》对社会历史现象的解释并不能使人们信服，而且名目繁多的祭仪给广大民众带来了沉重的经济负担和精神压力，渐渐地，民众开始抵触和质疑婆罗门教。

从社会发展来看，列国时代王权不断得以加强，属于刹帝利种姓的国王权力居于首位，却居于婆罗门种姓之下。同时，吠舍种姓的不少商人通过经商、放高利贷发家致富，掌握了国家绝大多数的财富，自身的社会地位却不高。婆罗门教一直强调婆罗门地位至高无上，这就引起了国王和商人们的强烈不满，所以沙门思潮诸派兴起的时候，这两个种姓都给予了不同程度的支持。

沙门思潮最早出现于恒河中下游地区，之所以在这里出现，是因为婆罗门教在这一地区尚未占据绝对的主导地位，对民众的影响并不深刻。婆罗门教的传入，虽然冲击了当地的土著文化及其原有的社会结构，但也遭到了土著文化的强烈反抗和抵制，进而引发思想文化领域的激烈震荡，出现了多种思想文化争鸣的局面。从这个意义上看，沙门思潮的兴起不仅是印度社会政治经济发生变化的反映，也是雅利安文化与土著文化冲突与融合的表现。

当时的印度思想界十分活跃，根据文献记载，沙门思潮包含了64派，虽然学说各有标榜，内容有异，但是都一致反对婆罗门教，抨击婆罗门教的纲领。

沙门思潮中最具影响力的是顺世论、佛教、耆那教和生活派，其中顺世论认为整个世界、一切生命都是由"四大"结合而成的，"四大"指的是地、水、风、火四种物质，意识会随着肉体的灭亡而消逝，因此不存在轮回和因果报应，也没有必要进行祭祀，这是印度乃至东方最大的唯物主义派别。

印度教

印度教是在印度影响力最大的传统宗教，也是世界上主要的宗教之一，它综合了《奥义书》、"六派哲学"各种宗教，并在婆罗门教的基础上发展而来，因而又被称为"新婆罗门教"。

印度教的宗教崇拜和思想观念，最早可以追溯到公元前16世纪至公元前9世纪的吠陀时期，当时的宗教信仰主要是对自然事物的崇拜。后来吠陀宗教由多神崇拜发展为主神崇拜，演变成为婆罗门教。这一宗教除了敬主神，还创立了各种祭祀礼仪和哲学学说，其哲学上的最高本体就是造世的最高神。

婆罗门教的哲学思想是与神学观念结合而成的，虽然婆罗门教哲学后来分化为多个派别，但是这些派别坚持的仍然是婆罗门教的基本哲学学说，大多都是为祭祀的功效做理论论证，与真正的哲学思想有所偏差。在这种情形下，印度教积极吸取了印度民间的各种偶像崇拜成分和其他派别的宗教思想，它虽然是由婆罗门教演化而来，以婆罗门教的旧有学说为教义核心，但已经不再是一种单一宗教，而是成为一种融合了印度古代多种宗教体系和精神文化要素的复合体。

在《不列颠在印度的统治》一文中，马克思曾提及自己对印度教的看法："这个宗教既是纵欲享乐的宗教，又是自我折磨的禁欲主义的宗教；既是林加（男性生殖器，是湿婆的象征）崇拜的宗教，又是札各纳特（印度教大神之一毗湿奴的化身）的宗教；既是和尚的宗教，又是舞女的宗教。"

印度教以梵天、毗湿奴、湿婆三神为主神，并因此分成三个基本流派，即性力派、毗湿奴派和湿婆派，吸引了成千上万的信徒，影响力也越来越大。

8世纪左右，印度著名思想家枯马立拉强调了祭祀的功效，确立了吠陀典籍在印度教中的神圣地位，对印度教的宗教与哲学做了完善和改造。印度另一位著名思想家商羯罗则对《奥义书》以婆罗门教为核心的哲学思想做了进一步的阐释和发展，给印度教的宗教实践提供了必要的理论基础。

伊斯兰教传入次大陆的时候，由于印度教在印度具有强大的势力，并与伊斯兰教的思想有所交融，虽然受到了一定的冲击，却没有像佛教那样被毁灭。

▲ 湿婆神雕像

12世纪后，印度教内部发生分化，其中性力派分化出右道和左道两派；毗湿奴派分化出虔诚派，后又分化出罗摩派、黑天派；湿婆派则分化出三相神湿婆教派。这些派别虽然本质上都属于印度教，却提出了反对吠陀权威、各种姓在神面前平等、反对歧视妇女等反对婆罗门教教义的主张。

19世纪，为了反对西方殖民主义者的入侵，印度教在印度国内掀起了一场声势浩大的宗教改革运动，涌现出了梵社、雅利安社等团体和组织，他们反对印度教中的偶像崇拜、烦琐的宗教仪式、种姓不平等的愚昧现象。由于受到西方文化的影响，这不仅是一场宗教改革运动，还是一场社会改革运动。

在印度教文化思想的长期熏陶下，绝大多数的印度人都信奉此教，"达摩"的观念根深蒂固。20世纪80年代初，大约83％的印度人都是印度教的教徒。印度教在国际上也影响颇为广泛，尼泊尔、斯里兰卡、缅甸、泰国、马来西亚、阿富汗、乌干达、坦桑尼亚等国家都有印度教教徒。

孔雀王朝

印度历史上的第一个帝国是孔雀王朝，古代印度由此进入帝国时代。

公元前327年，马其顿人亚历山大大帝率领一支精锐部队远征印度，很快便占领了印度西北部，并在所到之处建立多个据点。为了征服南部和东部的恒河平原，亚历山大取道坦叉始罗和拉瓦尔品第，却遭到当地力量的坚决抵抗，最后他率领军队离开印度，只留下部分军队驻守据点。

约公元前317年，一个名叫旃陀罗笈多的刹帝利贵族趁着印度政局混乱之时，组织起一支队伍，以武力驱逐了亚历山大的军队，攻占了印度当时最强大的王国摩羯陀，推翻了难陀王朝的统治，建立政权并宣布印度独立，这就是孔雀王朝。

之后旃陀罗笈多又吞并了周边若干邻国，至孙子阿育王时代，孔雀王朝的帝国版图已经几乎覆盖了整个印度次大陆，帝国进入极盛阶段。

孔雀王朝实行君主专制，国王享有最高的权力。凭借空前强大的国家权力，确保了各项政策措施落地见效。例如，旃陀罗笈多积极兴修道路，道路每隔半里就建一立柱为驿站；阿育王在道路两旁植树，每隔三里一口井，以供行人歇脚休息；主干道的交叉点周围设有粮仓和仓库，以备急用。此外，帝国还在各地开凿运河、修建蓄水池、建造水坝，建立了完善的灌溉体系，大大提高了农业产量。

阿育王是一位很有政治抱负的国王，为了宣扬自己的政治理想，获得人民的大力支持，他在孔雀王朝所统治的领域内发布多篇诏文。这些诏文由多种文字写成，被称为"阿育王诏敕"，有的刻在石柱上，有的刻在摩崖上，至今在西北印度、阿富汗、尼泊尔以及东南海岸各地仍然可见。

阿育王与佛教

　　阿育王是印度历史上最伟大的帝王，并且以支持佛教而驰名，留下了诸多与佛教有关的故事。

　　据说在执政之初，阿育王提倡用暴力和酷刑治理国家，在首都华氏城北部造了一所监狱，里面陈设着各式各样的刑具，用于拷打犯人，并且规定：凡是走进这所监狱的人，就不可能活着出去。人们称其为"阿育王监狱"。

　　一天，一位名叫为海的佛教弟子乞化时误入阿育王监狱，结果被狱吏直接关了进去。狱吏将为海投入热水锅里，可是烧了很久，锅里的水始终无法烧沸，还发出了点点的金光。狱吏把这个情形报告给阿育王，阿育王与为海交谈一番后，顿生恭敬之心，并被丰富的佛教思想所感化，一切恶念烟消云散。

　　孔雀王朝的强盛是通过武力征伐实现的，当时阿育王率领军队刚刚平息羯陵伽地区的叛乱，成千上万的叛乱者被杀戮，许许多多的人被俘虏入狱。阿育王对之前的行为感到不齿，下令取消华氏城监狱，释放所有俘虏，对犯人从宽发落，并发布了一封表示忏悔的文书，之后穿上僧袍正式皈依佛教。

　　这个传说中究竟有多少真实的成分存在，我们无从知晓，很可能是佛教徒为宣传佛教的威力所编造的。不过，阿育王推崇佛教是真真实实的，他曾发布多个诏敕赞扬佛教，对民众采用感化政策，如明令禁止打猎、设立动物医院、提倡施舍和赠送。他还食素，造塔供佛，佛教徒称他为"转轮圣王"。

阿育王善德善行的仁慈统治产生了良好的结果，获得了印度百姓的爱戴和尊敬。经过他的一番努力，佛教对印度文化、思想、政治、经济等影响极大，成为世界性的宗教。

佛祖——释迦牟尼

佛教的创立者是释迦牟尼，俗称"佛祖"，他被教徒尊为现世教化众生的"佛陀"，生活在人类的第一个"轴心时代"，大体与中国的孔子处于同一时期。

释迦牟尼为喜马拉雅山南坡的印度迦毗罗卫国人，他的出身颇具神话色彩。据说一天其母摩耶夫人在梦中看到一头发着白光的白象从天而降，直接投入自己的右肋，从而有了身孕。农历腊月初八，释迦牟尼出生时全身发着金光，开口就能说话，"从是已去，我当作佛"；下地就能走路，一步一朵小金莲。当天的天空出现了两条龙，一条龙吐出凉水，一条龙吐出温水，为释迦牟尼沐浴。

准确地讲，释迦牟尼并不是一个人名，有"释迦族的圣人"之意，其中"释迦"是部落的名称，"牟尼"代表能仁、能寂。释迦牟尼的原名叫乔达摩·悉达多，教徒们也称他为"释迦佛"，"释迦佛"的另一个称呼为"如来佛"，意思是掌握着绝对真理来到世上，以开示真理普度众生的圣者。

释迦牟尼是迦毗罗卫国国主净饭王的太子，小时候和当时的贵族阶层一样，过着十分舒适富足甚至豪华奢靡的生活，从来没有为吃喝发过愁。当他看到底层的百姓生活在水深火热之中，人们被生老病死等自然之力所迫时，深感社会的无情和人生的残酷，毅然抛弃舒适的生活出家修行。

释迦牟尼先随婆罗门教徒苦修，每天仅食一麻一米，饿到骨瘦如柴，一直没能解脱证悟；接着他前往尼连禅河沐浴，在河中苦行六年，仍不能解脱证悟；最终他认为折磨肉体达不到解脱，洗去一身污垢爬上岸。一位牧羊女见他身体虚弱，端来一碗乳糜，他吃后恢复了体力，这就是如今衍化出的"腊八粥"。

之后，释迦牟尼走到伽耶的一棵菩提树下静坐沉思，49天后终于悟出一条正道，即欲念是一切痛苦的根源，人只有在思想上达到"涅槃"，放下妄想执着，才能脱离痛苦。想要摆脱轮回，超越生死之苦，就要修道，把生生世世的业障全部还清，这些理论正是佛教的核心。

接下来，释迦牟尼到处讲说佛法，经过40多年的努力，佛教在南亚大部分国家中得以推行，各地均建有佛教寺庙，信徒不计其数。

公元前486年的一天，释迦牟尼自知将要谢世，来到拘尸那伽的跋提河边，头朝北，面朝西，右手支着头，左手放在身，双足并拢，卧在两棵菩提树之间的绳床上"涅槃"。

菩萨

在梵语中，菩萨是"菩提萨埵"的略称。"菩提"是觉悟的意思，"萨埵"则是有情之意，所有追求觉悟、心中有情的人都可以称为菩萨。

佛教中的护法菩萨、龙树菩萨、马鸣菩萨等，都是弘扬佛法、建教立宗的大德法师。由于这些菩萨都是佛教历史上的具体人物，所以他们的画像都是高僧形象，供后人祭祀和瞻仰。

在佛教里，不同的菩萨具有不同的意义。

弥勒菩萨，即弥勒佛，在汉传佛教寺院里多以布袋和尚的形象出现，袒胸露腹，肚皮很大，笑容可掬，代表的是量大福大，提醒世人要有肚量，容天下难容之事；要笑口常开，心中坦荡无拘。以平等心对待一切众生，以欢喜心接待一切众生，这是入佛的必备条件。

地藏菩萨代表的是孝亲尊师，要求无论哪一个宗派，哪一个法门，都要孝顺父母，恭敬长辈，尊重老师，知恩报恩。其中，《地藏菩萨本愿经》是佛门的《孝经》。

观世音菩萨是最为民间所熟知和信仰的菩萨，慈悲一切、怜悯一切、救护一切众生，解脱烦恼和痛苦，是佛教中大慈大悲的象征。慈是使他人快乐，悲是帮助他人，拜菩萨就是以菩萨为榜样，关爱他人，造福社会。

文殊菩萨又称法王子，代表的是智慧，多为仗剑骑狮之像，以无畏的狮吼震醒沉迷的众生，斩断众生的烦恼。

　　普贤菩萨代表佛法的应用和实践，将孝敬、慈悲、智慧等佛法要义，应用和落实在日常生活当中，以达到普度众生的目的。

佛教的"四大天王"

"四大天王"是佛教的护法天神,曾在四大名著之一《西游记》中出现过,在佛界拥有十分崇高的地位。

东方持国天王,是东胜神洲的护持天王。"持"是保持,"国"是国家,"持国"就是为国家负责尽职的意思。自己是哪一种身份,就要承担相应的职责。从现代意义上看,我们每个人都要对自己的本职工作尽心尽力、尽职尽责,只有每一个人都尽忠职守,才能保证国家的稳定发展。

持国天王手持一把琵琶,给众生送来天国乐曲,这也是一种佛法象征。弦太紧了,就会断掉;太松了,就弹不响,一定要调得恰到好处。这代表着对人、对事、对物都要做得恰到好处,不能超过,也不能不及,这种分寸就是中庸之道。儒家的中庸其实与佛教有所关联。

南方增长天王代表的是令众生增长善根的护持佛法,人的德行要进步,智慧要增长,技能要提高,生活也要改善,用现代的话来说就是要不断进步,与时俱进。增长天王手上拿的是宝剑,是斩断烦恼的智慧之剑,人只有不断增长自身智慧,才能处理各种繁杂的事情,进而解决诸多烦恼。

西方广目天王以净天眼随时观察三千大千世界,护持众生,右手经常拿着一条龙,或者是蛇。为什么要这样做呢?因为龙跟蛇具有莫测变化的特点，代表的是复杂的人心、社会、世界。一切人、一切事、一切物，都是变化无常的，一定要有足够的智慧，看得清楚，才能从容应付，掌握局势。

多闻天王手上拿的是伞盖，伞代表什么呢？伞代表遮盖，一方面含有遮风避雨、风调雨顺的吉祥意义；另一方面代表不被诱惑，不受污染，保护身心的清净。

罗汉

罗汉，梵音译为"Arhat"，含有杀贼、无生、应供三层佛义。所谓"杀贼"，指的是可以帮人摆脱烦恼的困扰；"无生"指的是帮人解脱生死，不再轮回；"应供"指可以接受十方众生的供养。在小乘佛教中，罗汉是佛陀得法弟子修证最高的果位，在神话电影里经常会提及的十八罗汉、五百罗汉等。

根据北凉道泰《入大乘论》记载，十八罗汉原本只有十六尊，都是释迦牟尼的弟子，后来又补上了两位罗汉。西晋竺法护《佛五百弟子自说本起经》《舍利佛问经》中提到了五百罗汉结集法藏、重兴圣

▲ 罗汉雕像

教的事迹。

　　罗汉被世人供奉的时间较晚，一般认为是在唐朝玄奘法师译出《大阿罗汉难提蜜多罗所说法住记》之后。在该《法住记》中，玄奘法师详细记录了十六罗汉的名称、住地，并扼要地称其皆具："三明六通八解脱等无量功德，离三界染，诵持三藏，博通外典，承佛敕故，以神通力延自寿量，乃至世尊正法应住常随护持，乃与施主作真福田，令彼施者得大果报……时此十六大阿罗汉及诸眷属随其所应，分散往趋，现种种形，蔽隐圣仪，同常凡众密受供具，令诸施主得胜果报。"

　　佛经对于罗汉没有具体的描述，只说修得罗汉果位便能成为罗汉。隋唐时期，人们结合佛教常识，参考现实生活中的僧人形象，又融入强烈的民间信仰，塑造了各种姿态的罗汉形象，尽现人间悲欢世态，这正是佛教在中国世俗化和本土化的重要标志之一。

大千世界

在佛教中，"大千世界"是一种宇宙观。从时间上看，无始无终；从空间上看，无边无际。这既是从大的方面看，也是往小的方面看，即再小的东西也可以细分下去，正可谓"一花一世界，一叶一如来"。

宇宙为三千大千世界，地球只是宇宙的一个点。基于此，佛陀对宇宙结构进行了分析，把三千大千世界做了区分：一部分是尘道世界，如地球上的芸芸众生；另一部分是西方极乐净土以及圣者，而且承认尘世同样有圣者的存在，西方世界中的圣者都是由尘世的人修行所成。

不过，佛陀认为了解宇宙不是当务之急，修行者的当务之急是解脱自己，而不应该用过多的时间和精力讨论宇宙。在这里，他打了一个形象的比喻：一个人被毒箭射中，应该先拔箭，先治伤、解毒，而不是追究箭从什么地方来，是谁射出的，否则来源尚未查清，人的生命已经没有了。

佛教世界的中心是须弥山，四周有山河大地、日月星辰环绕，一千个以须弥山为中心的世界为一小千世界，一千个小千世界为一中千世界，一千个中千世界为一大千世界。三千大千世界，就是小千、中千、大千的总称，三个大千世界为一佛土，无数个三千大千世界构成了无限的宇宙。

天龙八部

"天龙八部"是一部武侠小说的名字，这个名词其实是佛经术语。许多大乘佛经叙述佛向诸菩萨、比丘等说法时，常有八种神道怪物——天众、龙众、夜叉、乾闼婆、阿修罗、迦楼罗、紧那罗、摩睺罗伽参与听法，因为其以"天众"及"龙众"为首，所以统称为"天龙八部"。

"天众"指的是天神，帝释是众天神的领袖。佛教中天神的地位并不高，也是要死亡的，只是比人享受到的福报持久一点而已。天神临死之前会出现"五衰"：衣服变得垢秽、头上的花冠枯萎、身体开始分泌汗液、身体忽生臭秽、内心烦躁到无法安坐，这是天神最大的悲哀。

"龙众"指的是龙，有五龙王、七龙王、八龙王等名称。古印度人认为水中动物以龙的力气最大，而且龙具有控制水、行云雨的力量，对龙很是尊敬和崇拜，因此常尊称德行崇高的人为"龙象"，如从西方来的高僧便是"西来龙象"。据说，龙王沙竭罗的幼女八岁时到灵鹫山听释迦牟尼说法，即刻转为男身成佛。事实上，中国传说中对龙和龙王的观念，主要就是从佛经中来的。

"夜叉"是一种能吃鬼的神，行动敏捷，轻灵迅速。据《维摩经》记载，夜叉的种类很多，有空行夜叉、地行夜叉等。在佛经中，有"夜叉八大将"之说，他们的任务就是"维护众生界"。

　　"乾闼婆"是服侍帝释的乐神之一，是一种不吃酒肉、以香味为食的男性神，身上会发出浓烈的香气，能表演音乐节目。由于香气和音乐都是缥缈的东西，令人难以捉摸，因此在梵语中"乾闼婆"有变幻莫测的意思，以至于后人会称魔术师为"乾闼婆"，称海市蜃楼为"乾闼婆城"。

　　"阿修罗"是一种非常特别的神道，男阿修罗面目极度丑陋，而女阿修罗却长得明艳美丽。阿修罗羡慕帝释的美好食物，帝释垂涎女阿修罗的美色，于是双方经常发生抢夺事件，彼此打得天翻地覆、尸横遍野，因此后人常称惨烈的战场为"修罗场"。据说，有一次阿修罗王惨败之后，化身潜入藕的丝孔之中避难。

　　阿修罗王能力强大，但是性格暴躁、执拗，而且多疑，听佛说法时常疑心佛偏袒帝释，释迦牟尼说法时提到"四念处"，阿修罗王偏要说是"五念处"；释迦牟尼说法"三十七道品"，阿修罗王偏又多一品，说"三十八道品"。《大智度论》卷三十五记载："阿修罗其心不端故，常疑于佛，谓佛助天。"

　　"迦楼罗"是一种巨型神鸟，翅膀是庄严的赤红色，身体却是金黄色的，头上长着一个叫如意珠的大瘤，它一生以龙为食物，据说每天要吃一条大龙及五百条小龙，后在金刚轮山顶上自焚而命终。

　　"紧那罗"善于歌舞，是帝释的乐神，他们和人长得很像，但头上长着一只长角，所以称为"人非人"。

　　"摩睺罗伽"是大蟒蛇神，人身蛇头，是与天龙相对应的地龙。

因缘而起

佛家主张"因缘法"，这是佛教的独创理论，解释的是世间人生和世间现象之所以发生和变化的原因。大乘佛教将这一理论进行了充分发展，衍生出多个不同的宗教哲学体系。

"此有故彼有，此起故彼起。"这是缘起说的基本命题，意思是万事万物是互相联系的，都存在生灭的变化现象，都是以相对的依存关系而存在的。其中，这些联系和变化只有在一定条件下才能发生，叫"缘起"，缘就是条件。世间都是因缘和合，"因"就是起决定性作用的那些条件。

"因缘法"是佛法的本质规定，反映了客观事物最普遍的存在状态，而且含有辩证法的因素，但在具体的运用过程中存在一定的局限性。

因为"因缘法"认为一切缘起现象都是因果关系，认为世上所有联系的都是因果相续，一切事物都在一条因果链条上，几乎没有偶然和自由的任何可能。结果，常常把偶然的事件，甚至毫无联系的事件，强说成是因果关系，进而引发主观臆造化，最终导致业报轮回的教义，这就是"十二因缘"。

话说《金刚经》

　　《金刚经》是大乘佛教的重要经典，全称《能断金刚般若波罗蜜多经》。在这里，"金刚"喻坚固不可摧毁，"般若"代表智慧，"波罗蜜"意为到达彼岸。由此不难看出，此书就是为了帮助人们通过修炼成金刚不坏之身，修得悟透佛道的精髓智慧，进而能脱离三界，到达苦海彼岸。

　　《金刚经》是对中国文化影响极大的一部佛经，千余年来无数中国佛门弟子潜心进行研究，从中获得感悟和启迪而修行成道。《金刚经》有云："一切贤圣，皆以无为法而有差别。"这就是说，一切圣贤和教主都是得道成道的，只是因为个人能力、时间、地点的种种不同，所传化的方式不同而已。

　　《金刚经》的最伟大之处，在于它虽然是一本宗教经典，却超越了一切宗教性；它的内容虽然包含宗教，却并不局限于佛教范围；它承认真理和至道，却不固守宗教的教化，仅限于劝人为善而已。正因如此，它可以吸引各类信仰的修道者，这种精神即便在现代社会仍然存在现实价值。

　　值得一提的是，"般若"不是一般的学识智慧，而是能够了解道、悟道、修证、解脱生死、超凡入圣的智慧，这属于生命的本源、本性的智慧，是根本的智慧。这种智慧单单依靠思想是无法修得的，而是需要身心一起投入求证。佛曰"心、佛、众生，三无差别"，提倡众生与佛同体，这就是佛法中的般若。

　　在《金刚经》中，般若包括实相般若、境界般若、文字般若、方便般若、眷属般若，将这五种般若的内涵全部领悟便是金刚般若。

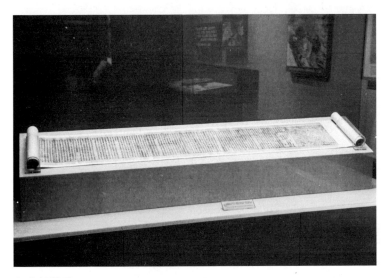

▲《金刚经》

天竺四日

马鸣、童受、龙树、圣天，被称为天竺"四日"。

根据我国佛教传说，马鸣和童受都是印度有名的大师，二人学识渊博，文辞优美，议论宏富，创作了《经量部》。玄奘称马鸣"妙辩纵横，高论清远"，童受"高论清举，无难不酬"。

龙树是大乘佛教的奠基人，创造了"不生不灭，不常不断，不一不异，不来不去"的"八不中道"，在印度佛教史上被誉为"第二代释迦"。后来鸠摩罗什将龙树的思想传到中国，中国的佛教和非佛教的哲学家掀起了学习龙树哲学理论的热潮，并以此为理论依据创立三论宗、天台宗、华严宗、禅宗等。

龙树的大弟子圣天是印度中世纪著名的佛教哲学家和因明学家，在印度哲学史上的地位相当于中国先秦哲学家荀况。圣天以慈悲为怀，擅长智辩，屡次战胜婆罗门教外道，结果惨被杀害。据记载，临死之前他还在努力感化刺杀自己的人，表现了博大的胸怀以及真正人法两空的修持境界。

四众、居士与早期佛教僧团

释迦牟尼在菩提树下修行成道后，首先度化的是两位商人，即著名的提谓居士和波利居士，居士指的是尚未出家的信徒。当时，提谓居士和波利居士恰好经过那棵菩提树，听释迦牟尼讲了人生真理后皈依佛教。

最早跟随佛陀修行的是阿若憍陈如、阿说示、跋提、十力迦叶、摩诃男拘利，当初释迦牟尼放弃苦行时，五个人曾失望地离他而去。释迦牟尼得道后找到他们，开始宣讲自己领悟的佛理，他们听后大受感动，从此继续跟着释迦牟尼修行。这是佛陀首次宣讲佛法，佛教史上称为"初转法轮"。

佛教有着众多的信徒，但大致分为两大类，一类是出家的信徒，年满20岁出家的男性称为"比丘"，满20岁出家的女性称为"比丘尼"。未成年的男性出家者称"沙弥"，未成年的女性出家者称"沙弥尼"，以上统称佛教"四众"；另一类是在家修行的佛教信徒，男的称"优婆塞"，女的称"优婆夷"，合称"居士"。

在最开始的时候佛陀并不收女弟子，认为女性的贪欲、虚荣等业障会影响修佛之心，难以成道，而且当时印度的各大教派从来没有女性出家修行的先例。据说，佛陀的继母大爱道比丘尼曾多次要求皈依佛门均被拒绝，后来还是众人说情才得入教，她也是佛教的第一位出家女信徒。

在佛陀的众多弟子中，"十大弟子"最为著名，其中迦叶名列第一。迦叶是王舍城婆罗门种姓，曾率领500人在韦提河边的山中修习头陀苦行，被人尊称为"佛圣"。迦叶拥有很高的悟性，据说佛陀在灵台山布道时，他面对一位弟子的提问笑而不答，拈花示众，众多弟子都不知道是什么意思，只有迦叶和佛陀相视一笑。佛陀逝世后，迦叶成为佛教首领。列第二位的是佛陀的堂弟阿难，他25岁跟随佛陀出家，在照料佛陀衣食起居之余，谨记佛陀的一言一行，知识渊博，号称"多闻第一"。

相传佛陀逝世当年，迦叶和阿难召集诸多比丘，结集佛陀所说经典，这是佛教的第一次结集。现今的寺庙大殿中，佛陀雕像的旁边有两个人，左边的是迦叶，右边的是阿难。其他八位弟子是舍利弗、目犍连、阿那律、须菩提、富楼那、迦旃延、优婆离、罗睺罗，他们是佛教组织的核心人物。

由佛教出家僧侣所组成的团体称为僧团，最小的有四人，最大的有几百甚至上千人，他们在生活中遵守"四依住"的生活方式，即粪扫衣、常乞食、腐烂药、树下坐。随着统治阶层的人物和富人皈依佛教，渐渐地，佛教僧侣放弃了"四依住"这一生活方式，而是接受布施的衣服，住信徒捐赠的精舍等。

佛教制定了很多佛门戒律，比如僧侣的财产房屋、园林等属于公共财产，比如不准杀生、不准偷盗、不准邪淫、不准妄语、不准饮酒等。不过僧团内部还是比较民主的，成员之间没有种姓高低之分，以入教先后为长幼之序，而且僧侣的衣物、食品等都属于个人所有，各地的僧团无权处置。

"圣雄"——甘地

甘地是印度"国父",他的一生堪称战斗的一生。

1869年,甘地出生于印度西部一个经商家族,属于吠舍种姓的分支班尼亚种姓。虽然自幼受到良好的教育,但甘地年轻时的表现并不突出,据说上小学时学乘法算术都有些吃力。受当地童婚习俗的影响,13岁时甘地便娶了同龄女子卡丝杜蓓为妻,提前步入成人生活。甘地虽然深受童婚之苦,但是卡丝杜蓓是一位虔诚的印度教徒,成为甘地的终身伴侣后,是辅助其事业的助手。

甘地上中学的时代,印度社会正兴起一股革新风气,他也深受一位"革新"朋友的影响,认为英国人之所以体强力壮是因为吃肉较多,于是开始破除教规,喝酒吃肉。很快,甘地就为此感到内疚和后悔了,因为他父母都是印度教虔诚的素食主义者,绝对不会允许他养成喝酒吃肉的恶习,他觉得自己背叛了父母。

自此甘地下定决心,父母在世的时候,绝对不能再吃肉了,之后他真的戒掉了一切肉食。在这个问题上,甘地表现出诚实坚毅的德行和超强的自制力。

18岁那年,甘地远赴英国读书,结识了很多英国朋友,有了一定的眼界和思想,而且毕业时顺利通过了律师资格考试。但后来他学成归国后第一次出庭做律师就以失败告终。这时,在南非的一家印度商行邀请甘地协助办理一件大案,他欣然带着妻儿前往南非工作，这一待就是21年。正是在南非这块充满种族歧视的土地上，甘地形成了"非暴力抵抗"和"坚持真理"的学说，并取得了初步实践的经验。

之后甘地返回印度并四处游历，看到祖国人民的苦难和殖民当局的残酷之后，立志献身于民族独立事业，帮助广大民众脱离苦难。1915年，甘地创立了第一个非暴力抵抗的基地——真理学院，以培养非暴力抵抗的骨干、民主独立运动的战士为职责，要求每个学员须遵守非暴力、忠诚、禁欲、贞洁、不偷盗、不贪占、参加劳动、自产、无畏、容忍和敬神，共11项誓言。

接下来，甘地领导印度人民发起全国性的非暴力不合作运动，以各种方式反抗英国殖民政府当局，先后三次活动动摇了英国殖民统治的基础。1947年，英国退出印度，印度脱离英国的殖民统治，最终实现民族独立。甘地"非暴力"的哲学思想影响了全世界的民族主义者，被人尊称为"圣雄"。

▲ 甘地雕像

尼赫鲁与哲学

与讲究思辨性、逻辑性的西方哲学和讲究伦理性、社会性的中国哲学不同，印度现代哲学的产生和发展具有本土鲜明的特点，它不仅包括专业哲学家和宗教改革家的学说，还包括著名政治家和社会活动家的著述。在现代印度政治家中，贾瓦哈拉尔·尼赫鲁是最具有代表性的一个。

尼赫鲁是印度独立后第一任总理，也是印度民族主义运动领导人，他的哲学观点在现代印度哲学发展中起到了举足轻重的作用。

尼赫鲁没有接受过专业系统的哲学教育，不过作为家族的接班人，他一直被父母按照印度资产阶级知识分子的路子进行培养。逐渐地，他对印度教哲学产生了兴趣，并开始阅读《奥义书》《吠檀多》等印度教典籍，再后来他在剑桥大学读书时又受到了西方理性主义、自然科学和民主思想的深刻影响。1916年，尼赫鲁与甘地结识，深受甘地"非暴力"哲学的影响。1926—1927年，尼赫鲁游历欧洲和苏联，还从马克思主义世界观和辩证唯物主义中汲取了丰富的思想营养。

就这样，尼赫鲁将多种哲学思想融集于一身，这种兼容调和的折中主义精神，一直引导着他的内政及外交思想，具体表现在对物质欲望和精神追求的调和、科学与宗教的调和、印度传统文化与西方价值观和民主观的调和以及资本主义和社会主义两条道路的调和。

大话东正教

　　基督教的内部主要有三大派别，天主教、新教和东正教，其中东正教以正统自居，亦称"正教"。由于东正教基于罗马帝国东部希腊语地区的救世主信仰，故亦称"希腊正教"。

　　1453年，盛极一时的拜占庭帝国灭亡，俄罗斯等一些原属于君士坦丁堡教区管辖的斯拉夫语系国家相继建立自主教会，并逐渐发展为使用斯拉夫语的俄罗斯正教。

　　325年，基督教召开了史上著名的尼西亚公会议，目的是解决希

▲ 尼赫鲁塑像

腊正教和俄罗斯正教东西派教会的分歧，但这次教会内部的矛盾并没有得到解决。5年后，君士坦丁一世迁都君士坦丁堡，两派在谁居教会首席的问题上争斗愈烈。到1054年，基督教东西两派正式分裂，自此东派称为"正教"，西派称为"公教"，双方各将对方逐出教会。自9世纪起，东派教会开始逐渐向保加利亚、基辅罗斯等国家发展。再后来，拜占庭帝国日益衰落，罗马教皇乌尔班二世以援助东方教胞为名，组织十字军东征。1204年，第四次十字军东征攻占了君士坦丁堡，东正教普世牧首区被迫迁往尼西亚。

15世纪30年代，奥斯曼土耳其帝国从陆海两面包围拜占庭，内忧外患的君士坦丁堡只得向西方求助。1438年，罗马教皇尤金四世乘机在意大利召开佛罗伦萨公会议，旨在要求东西方基督教会联合，从而确立教皇的首席地位。东正教会做出了让步，次年7月，会议签署通过东西方基督教会合一的决议，确认教皇为"基督在世代表"，具有全权地位，史称"佛罗伦萨合一"。

事实上，大部分的东正教会人员对合一并不认同，再加上尤金四世只是出于政治因素，合一政策并没有维持多久。1453年，拜占庭帝国被奥斯曼土耳其帝国攻陷，合一随之解体。奥斯曼土耳其帝国的国教是伊斯兰教，为了安抚广大的东正教会人员，保证社会稳定，对东正教采取宽容政策。

16世纪后，一些国家、民族和地区的正教会各自成立自主教会，比如1589年俄罗斯正教会取得自主地位，建立牧首区。自主教会在制定法规和行政方面享有全部独立权，而且可以自选大主教和主教的教会，甚至可以不受教郡都主教管辖。君士坦丁堡牧首虽然享有首席地位，但实际权威已经丧失殆尽。

基督教分裂为东正教和天主教，二者在教义上也有所不同。

第一，东正教承认前七次公会议所制定的信条，否认罗马教皇以后所举行的历次公会议。比如，东正教继承东派教会的观点，认为"和子句"的问题是对《尼西亚信经》的篡改。

第二，东正教注重道成肉身的意义，认为人只有通过与道成肉身的基督神秘联合，才能变成属于神的、不死的生命。东正教神学不强调人的原罪，认为犯了罪的人要想获得重生和得救，首先必须自身择善，才能获得天主恩典。凡是愿意接受信仰和洗礼的，凡是愿意敬奉天主的，都可以得偿所愿。

第三，在东正教的教义中，圣母崇拜非常明显，这在"三一论"中就能得以体现。他们认为，圣母玛利亚孕育了耶稣，是智慧和爱的化身，这也是"中保"思想的体现。

第十一辑

思想者的天地——俄罗斯

俄罗斯多神教

10世纪前，俄罗斯人信奉的是多神教。他们相信并崇拜多位神灵，认为日月星辰、风雨雷电等种种自然气象或现象都是由专职的神掌管的。

在当时，罗斯人为多位神灵建造神殿，用以祈祷和祭祀，包括太阳神达日博格、天火之神斯瓦罗格、地火之神斯瓦罗日奇、雷神彼伦、风神斯特里博格、生命始祖罗德、家庭庇护女神罗莎尼采、丰收女神莫科什、春之神亚里洛、畜神维列斯、善良神灵贝列格尼、邪恶神灵乌佩利等。

和中国氏族制度的祖先崇拜类似，罗斯人也相信灵魂的存在，祭祖之日或遭遇灾难时，他们会以薄饼、肉、蜂蜜和自制饮料格瓦斯等为祭品供奉祖先，以感激祖先的养育之恩，同时祈望祖先能庇佑子孙后代。

受原始社会图腾崇拜的影响，罗斯人还以动物作为崇拜对象。比如，他们认为马象征着力量、活力和勇敢，可保佑平安；雄山羊则是人类的守护者，可以驱走恶鬼、帮助谷类生长。每逢收获季节，人们会在雄山羊的胡子上编上稻穗，向雄山羊雕像供奉新烤的面包。至今，一些俄罗斯乡下依然保持这种风俗，人们还会穿上山羊皮，带上雄山羊到田间巡游，边走边说："山羊所过，百谷齐生。"

中世纪罗斯封建分裂时期，为了统一罗斯人民的宗教思想，加强罗斯的统一以及基辅在全罗斯的地位，基辅大公弗拉基米尔曾尝试对多神教进行改革，选定庇隆、达日博格、霍罗斯、司特利博格、西马尔格、莫科什为主神，并在王宫附近建庙塑像，订立祈祷和祭祀的仪式，然而改革并未成功。

▲ 圣巴索大教堂

罗斯受洗

斯拉夫民族是欧洲人数最多的民族之一，经过长期的发展，形成了基辅、诺夫哥罗德等几个公国。10世纪初，诺夫哥罗德公国王公奥列格征服了基辅公国及周围的几个小公国，将公国首都从诺夫哥罗德迁到基辅，之后又统一了第聂伯河流域的大小公国，将统一之后的俄国命名为"罗斯"。由于基辅是罗斯政治、经济、文化的中心，所以人们又称"罗斯"为"基辅罗斯公国"。

988年，基辅大公弗拉基米尔改革多神教失败之后，另选基督教为国教，使得罗斯人告别了多神教的信仰，这一年被称为罗斯受洗元年。

第一个接受基督教的基辅大公，名叫奥尔加，弗拉基米尔之母。975年，她曾前往君士坦丁堡拜访拜占庭帝国皇帝。拜占庭帝国皇帝君士坦丁七世对奥尔加一见钟情，提议她留下来和自己共同治理帝国，奥尔加以自己还是异教徒为由拒绝，后来君士坦丁七世和牧首在圣索菲亚大教堂一起为奥尔加施洗礼。正式皈依基督教之后，奥尔加以"你亲自为我施洗礼并称我为女儿，如果你娶我的话，这有违基督教的教规"为由，再次拒绝君士坦丁七世的求婚，之后她返回基辅罗斯公国，开始推广基督教。

奥尔加之子弗拉基米尔大公深知宗教是政府加强思想统治的工具，可以起到辅政作用，所以一直在尝试宗教方面的改革，执政时还曾派使团去考察信奉不同宗教的国家，得出的结论是：伊斯兰教徒不准喝酒，但罗斯人天性喜欢饮酒；犹太教的神连自己的子民都保护不了；罗马天主教教徒不信犹太人，看不见耶稣的荣耀……显然，这些宗教都不算是好的选择。最后考虑到拜占庭的基督教教堂神奇壮丽，使人不知是置身于天堂还是尘世，弗拉基米尔大公决定选择基督教。

987年，拜占庭帝国发生内乱，拜占庭皇帝向基辅大公求援，两国通过联姻缔结同盟。弗拉基米尔在君士坦丁堡接受洗礼，返回基辅后下令把多神教的神像统统烧掉或扔进河里，之后在罗斯建立起大主教区，捐赠大片土地给教会，兴建众多修道院和教堂，以供基督教徒朝拜和祈祷。君士坦丁堡的基督教属东派，这个教派做礼拜时允许使用民族语言，所以在罗斯用的是斯拉夫语。

罗斯集体受洗并不代表基督教完全取代了多神教，在罗斯人心中多神教的观念已经根深蒂固，之后基督教经历了数百年与多神教的斗争与融合，而且罗斯东正教在圣物崇拜、圣徒崇拜和宗教仪式等方面都留有多神教的痕迹。

▲ 奥尔加雕像

"第三罗马"与"救世革命"

在一些有关俄国哲学史方面的图书中会谈及"莫斯科即第三罗马"的内容。这一提法约在1530年出现，源自普斯科夫修道院菲洛费伊修道士致莫斯科大公瓦西里的一封信，在信中菲洛费伊修道士说："所有的基督教王国都统归您的统治，两个罗马已经先后消失，而第三罗马正在屹立着，至于第四罗马则不可能出现。因为第三罗马将永远忠诚于东正教，所以它可以万古长存。"

从这段内容不难看出，"莫斯科即第三罗马"这个命题既反映了俄罗斯民族的固有心愿和理想，也反映了俄罗斯民族的自我意识和觉醒。基督教徒认为，俄罗斯是上帝优选的民族，是上帝"救世"的行使者，负有恢复基督教世界统一和将俄罗斯变为整个基督教世界政治中心的重任。

这种"救世"思想体系为俄罗斯建立中央集权国家奠定了基础，是俄罗斯历史哲学的独特开端。即便俄罗斯后来出现了"西方主义""斯拉夫主义""欧亚主义"，但俄罗斯民族对于自己的特殊使命一直深信不疑，这些主义的目标也都是实现俄罗斯的强盛，从而完成"救世"使命。

虽然"莫斯科即第三罗马"这个命题距今已接近500年，但它的影响已经涉及俄罗斯政治、经济、社会、外交等多个领域，凝聚着俄罗斯民族复兴的精神伟力。

▲ 俄罗斯套娃

飞翔的双头鹰

俄罗斯国徽是一面红色盾形徽，上面是一只展翅傲立的金色双头鹰，鹰的头上装饰着彼得大帝的三顶皇冠；鹰的胸部是一名身穿银色盔甲的骑士，骑着一匹白马，手握金色长矛刺向一只黑色蛇状怪物；鹰的左爪握着权杖，右爪握着金球；两头一个望着西方，一个望着东方，两眼圆睁，炯炯有神。

双头鹰的形象并非俄罗斯人的凭空想象，而是有着很深的历史渊源。

15世纪，莫斯科公国大公伊凡三世迎娶拜占庭帝国的索非娅公主，并以女婿身份承袭帝国正统地位。之后，拜占庭帝国王权的象

◀ 俄罗斯国徽

征物——原本产生于古代东方亚述王国的双头鹰便随之被带到俄罗斯，并被雕刻在大公的玉玺上，以此表达大公伊凡三世要做拜占庭帝国继承人的愿望和忠诚。

15世纪末，以莫斯科为中心的俄罗斯统一国家形成，莫斯科大公为了彰显这是继拜占庭帝国之后的第三罗马帝国，除了自封沙皇，还在玉玺的双头鹰上面增加了历代拜占庭皇帝奉若神明的庇护者圣·乔治屠蛇的白马勇士像。

17世纪中叶，罗曼诺夫王朝沙皇阿列克塞·米哈伊洛维奇将这一图徽定为国徽。除了苏联时期停用，这一国徽一直是俄罗斯国家的象征。

双头鹰头上的大皇冠象征沙皇的最高权力，两个小皇冠象征俄罗斯东、西部的各个公国；鹰爪上的金球和权杖则是沙皇专制王权的标志；圣·乔治屠蛇寓意正义必将战胜邪恶，是俄罗斯民族性格和俄罗斯精神的象征。两个鹰头望着不同的方向，则蕴含着俄罗斯国家兼有东西方文化的渊源。

俄罗斯思想

19世纪至20世纪初，"俄罗斯思想"是俄国思想界关注的中心之一。所谓"俄罗斯思想"指的是俄罗斯民族所特有的、具有本质意义的思想观念及其独特的思维方式，它渗透在俄苏不同的发展历程之中，是俄国社会转型的重要力量。

俄罗斯思想内涵十分丰富又极其复杂，不过归纳起来可用以下几个方面概括。

第一，东西方结合而成的部文明。

俄罗斯拥有广阔的国土，又是多民族的国家，加上与周边国家的联系与交战，造成了不同民族、不同宗教、不同文明的碰撞、杂居、结合和共存。这种文明既不是纯粹的东方形式，也不是纯粹的西方形式，而是东西方结合的部文明。更准确地说，这一思想是在斯拉夫文化的基础上，融入欧洲文明、伊斯兰文明、犹太文明以及远东文明而成；它的宗教东正教也是最有俄罗斯特色的基督教，曾导致国内斯拉夫派和西方派持续不断的争论，这种复杂性和矛盾性正如别尔嘉耶夫所说："东方与西方两股世界历史之流在俄罗斯发生碰撞，俄罗斯处在二者的相互作用之中。"

第二，视王权与专制主义为核心。

俄罗斯崇尚强者、服从权威，将历代沙皇当作救世主，无论是彼得大帝、叶卡捷琳娜二世，还是腐朽昏庸的尼古拉二世都是如此。

这可以追溯到"第三罗马"时期，当时中央集权的君主专制为治国的主要思想，这种思想为沙皇制度的形成和巩固起了催化作用，人们在以沙皇为代表的至高无上的政治权威面前表现出十足的奴性，对沙皇的盲目崇拜，对皇权的敬畏依赖，这是俄罗斯思想的重要构成部分。恰达耶夫曾说："任何一个君主，无论他是怎样的，对于人民来说都是一位父亲。"

第三，强烈的"强国"意识。

俄罗斯中央集权国家的建立走的是一条对外军事扩张之路，历代沙皇先后入侵欧亚大陆20多个国家，东、西、南、北到处都有它侵略过的足迹。建立一个横跨欧亚大陆的军事强国，是绝大多数俄罗斯人不懈的信念和追求。比如，为了使俄罗斯成为拥有出海口的强国，彼得大帝多次发动对外战争，先后获得波罗的海、里海、太平洋等地区的出海口，并为国家安全建立了屏障。虽然这些战争充满了困难和障碍，但这种对外扩张的"强国意识"始终是维系全民族的精神支柱。

第四，坚持农村公社社会制度。

农村公社是俄国的一种古老的社会制度，也是俄国历史发展中的一个独特现象，在俄国社会中占有重要地位。村社内部讲究土地公有，定期重分，共同耕作，这是一种俄国式的集体主义传统，孕育了俄国民粹主义、社会主义。民粹主义者将俄国农民视为"天生的社会主义者"，认为农村公社可以避开资本主义道路，带领人们走向社会主义道路。1861年农奴制度被废，俄国资本主义迅速发展，但村社精神依然是俄罗斯人的精神支柱。正如20世纪初沙俄内阁大臣谢·维特所说的一句话："公社是俄国人民的特点，侵犯公社就是侵犯特殊的俄罗斯精神。"

　　1995年，《哲学（小百科辞典）》出版，作者在书中对"俄罗斯思想"做出了这样的解释："俄罗斯思想是一个具有象征意义的概念。"广义上说，俄罗斯思想是俄国发展过程中俄罗斯文化和精神方面所固有的各种独特特点的总和；狭义上说，俄罗斯思想是每个特定时期俄国民族自我意识所达到的水平；或者可以更清楚地说，它是俄国社会、文化、政治等发展中全部成分存在的方式。

斯拉夫主义

19世纪中叶，俄国宗教哲学中的主要思潮之一便是"斯拉夫主义"，这一主义将历史哲学和俄罗斯史观作为主要课题。在哲学领域，它强调信仰不是理性上的直觉或超感觉的感知，而是意志、悟性和感性等人类理智的诸多成分和力量联合在一起的本原。其中，"信仰"是个体理性局限性的关键所在。

A.C.霍米雅科夫是"斯拉夫主义"的代表人物之一，他在《西方主义关于全世界历史》一书中，指出人类原初是一元的和统一的，人

▲ 斯拉夫武士与马匹木雕像

类的堕落是人类历史的转折点，人类文明自此开始分化，出现了以片面性和局限性为特征的多种文化。而基督教的出现，恰恰给人类历史带来了又一次转折。然而，由于基督教在西方受到罗马文化的影响而发生蜕变，物和政治动机占据了统治地位。此时，只有俄罗斯的东正教才能使基督教恢复纯正性，使更多的人恢复兄弟般的统一。

作为东正教的主要支柱，俄罗斯自然担负起了这个伟大而艰巨的任务，既要在真正的基督教原则上改造本国生活，又要在爱的原则上把自由联合的思想提高到整个人类的高度。正因如此，"聚议性"成为斯拉夫主义的核心术语之一，也成为俄罗斯哲学中的核心术语之一，揭示了俄罗斯宗教和哲学的内在特点——实现"个别"与"一般"的有机统一，这正是俄罗斯思想界所强调的。

西方主义

俄国作家、哲学家恰达耶夫是"西方主义"性质的历史哲学观点的创始人，不过他的观点与19世纪40年代广泛流传的"西方主义"并不完全相同。

恰达耶夫的代表作是《哲学书简》，此书由八封信组成。在信中，恰达耶夫指出沙皇专制制度的种种弊端让俄国发展举步维艰，远远落后于其他西方国家，"我们既不属于西方也不属于东方，既没有前者的传统，也没有后者的传统，而是一种完全以借用和模仿为基础的文化，我们仿佛置身于人类全球化进程之外……"

恰达耶夫对基督教的推崇、对俄国农奴制的批判，体现了清醒的民族自我批判精神，这也是俄国独立的、创新的思想萌芽。

在这里，恰达耶夫将"传统"与哲学体系联系起来，具有本体论性质。"万物统一思想"是"传统"的基础，"传统"是"统一"的时间显示。通过这样的哲学思考，恰达耶夫得出结论——此刻我们应该在现实中寻找俄国未来的发展，而不能受浪漫的复古主义影响，把过去的时代理想化。

欧亚主义

1921年，流亡国外的俄罗斯知识分子合著了一本论文集，名为《走向东方、预感与实现、欧亚主义者的主张》，自此掀起"欧亚主义运动"。

欧亚主义介于斯拉夫主义和西方主义之间，基本含义包括：从地理空间方面来说，俄罗斯既不是欧洲国家，也不属亚洲国家，而是介于欧洲和亚洲之间，是连接欧亚文明的桥梁；从历史文化方面来说，它是欧洲西方文明和亚洲东方文明交汇而成的，而且保有俄罗斯本土文化的特点；从民族构成方面来说，俄罗斯的民族既非欧洲人，也非亚洲人，而是多民族的国家。据此，他们认为俄罗斯可以利用以上的特点，积极创造出"欧亚文明"，进而成为世界文明中的一极。

《历史哲学》的主编巴纳林建议俄罗斯发展的欧亚模式可以遵循以下四个思想：俄罗斯要走的是一条不同于欧洲和亚洲的特殊道路；"欧亚文明"应该是一种和谐而不失个性化的文化；"欧亚文明"可以在东正教信仰的基础上进行理想论证；这是一个完全符合理想的国家，俄罗斯及其国土上居住的人民是上帝的选择和安排，俄罗斯特殊的历史道路和使命也是上帝预先规定好的。

1927年，欧亚主义派发表了一份重要文件，如此表述道：俄罗斯是一个特殊的存在，它的命运既不同于欧洲诸国的命运，也不同于亚洲诸国的命运，应该被称为欧亚洲。在这个世界里，民族和人们可以达到相互理解和兄弟般的亲密合作，这种境界是欧洲和亚洲民族难以达到的。

欧亚主义者既反对斯拉夫主义，又反对西方主义，宣扬的是一种中间的立场：俄罗斯文化既不是欧洲文化，也不是亚洲文化，也不是二者的结合或组合，而是中间性质的独特文化。

民粹主义

19世纪俄国出现了一种影响较大的空想社会主义思潮，即民粹主义，又称人民主义、大众主义、平民主义。

19世纪四五十年代，俄国的革命民主主义者陷入了一种深刻的思想矛盾的境地。一方面，他们已经清楚地意识到，腐朽不堪的沙皇俄国严重阻碍了国内生产力的发展和社会的进步；另一方面，他们又敏锐地发现，西欧资本主义也不是真正的救国之道，因为它在迅速发展的过程中已经暴露了很多内在矛盾。

在这种历史背景下，民粹主义的思想先驱们开始积极寻找俄国的出路，提出经济文化落后的国家可以跳过资本主义发展的阶段，直接向社会主义过渡的理念。

19世纪六七十年代，这种民粹主义思潮在俄罗斯知识分子中十分盛行，并占据了主导地位。俄国革命民主主义者赫尔岑、车尔尼雪夫斯基、奥尔洛夫、杜勃罗留波夫以及拉甫罗夫、巴枯宁、特卡乔夫、克鲁泡特金以及"自由派"的米哈伊洛夫斯基、尤沙柯夫、沃龙佐夫、丹尼尔逊等人都是民粹主义的代表。

民粹主义深刻地影响了俄国几代知识分子，先后出现了像赫尔岑、车尔尼雪夫斯基一样的思想家，并教会知识分子们如何认知俄国这个国家，甚至与后来的俄国共产主义运动都有某种理论上的内在关联，比如以普列汉诺夫、查苏利奇、列宁等为代表的俄国共产主义运动先驱曾经都是民粹主义者。

深恶痛绝城市里的资本主义，推崇俄国传统农村的村社制度，让俄国走一条非资本主义的发展道路，这是民粹主义的基本思想。

民粹主义者们认为俄罗斯农民的某种共产主义天性和西欧社会主义运动的理想十分接近，因此俄罗斯比其他资本主义国家更容易过渡到社会主义。他们还以"到民间去"作为基本口号，号召民粹主义者们融入"民间"。在这里的"民间"不是泛指民间，而是有着确定的含义，即俄国的广大农村。

"到土地那里去，到农夫那里去！农夫需要知识分子……俄罗斯需要知识分子组成的农村，那些走向土地的知识分子都将找到幸福和宁静……"

民粹主义的这种牺牲精神是真诚的、可贵的，但是当时俄罗斯的知识分子大多出身于贵族，和农民大众分属两个不同的阶级，是一种剥削与被剥削的对立关系。寄希望于依靠农民进行社会改革，没有坚实的现实基础，献身自我去换取人民的接纳，也违背了民粹主义的"人民"概念。

19世纪末20世纪初，以列宁为代表的俄国社会民主党人对民粹主义进行了深刻批判，认为它只是对俄国村社制度和农民的理想化。随着马克思主义哲学在俄国的广泛传播，民粹主义思潮已成强弩之末。

一个疯子的辩护

恰达耶夫被称为"俄罗斯知识分子的始祖",然而,1836年9月,他的《哲学书简(之一)》发表时,却引起了无数人的指责和斥骂,人们说他是俄罗斯的敌人、叛徒。几天后,沙皇尼古拉一世亲自下谕旨,称"这是一个疯子大胆的胡言乱语",恰达耶夫被禁止发表作品,还被强行送去精神病院。

恰达耶夫本人并不认同自己是疯子,在《一个疯子的辩护》一文中,他再次强调俄罗斯必须对过去的历史进行批判性的审视,在此期间他发表了一些有关俄国历史哲学的独到观点,被后来的各种派别多次引用。

恰达耶夫的一个主要论点是,虽然现在俄罗斯在社会和经济方面已经落后,但是俄国人民有勇气、有智慧、有潜力、有韧性、有能力战胜任何艰难险阻,总有一天会改变现状。这是恰达耶夫对俄国救世思想的最彻底的表述。

1812年,俄国人民取得卫国战争的胜利,俄罗斯的民族意识被唤醒;1825年,十二月党人发起反沙皇专制制度的起义,促进了俄罗斯民族的革命觉悟。正是通过这两件重要历史事件,恰达耶夫看到了俄国新的力量和希望,足见他既具有爱国主义的民族意识,又具有先进的革命觉悟。

恰达耶夫出生于俄国一个富有的贵族家庭,曾在莫斯科大学学习，后以近卫军的身份宣誓入伍，并亲自参与了卫国战争。之后他游历西欧各国，见识了西方国家的科技文明，思想受到强烈震撼，理念有了全面更新。当时从西欧到俄国都在进行人类文明史的反思，探讨人类的使命，特别是俄国，取得卫国战争胜利后民族意识空前觉醒，有越来越多的人开始思考民族性和民族使命。

恰达耶夫也是其中一员，开始不满于俄国的专制制度、东正教和农奴制，为此他频繁出席莫斯科的各种沙龙活动，评论俄国的历史和现状，描绘他理想中的未来俄罗斯社会。随着《哲学书简》的发表，他的宗教、哲学观点在知识界和上层社会的影响越来越大，成为当时最有影响力的思想家之一。

恰达耶夫被官方宣布为"疯子"，他疯了吗？当然没有。他只是在以一种"否定的爱国主义"的方式来表达自己的爱国之心，正如他在《一个疯子的辩护》中所说："我爱自己的祖国，而且比你们中的任何一个都要爱。对祖国的爱是一种美好的感情，但是现在，我要献身于真理的祖国。"

这是爱国主义悲痛的呐喊，爱国不需要歌功颂德，而要理性地解决问题。

作为科学泰斗的哲学家

莫斯科大学是俄罗斯规模最大、历史最悠久的高等学府，它的全称为"国立莫斯科罗蒙诺索夫大学"，是以其创建人米哈伊尔·罗蒙诺索夫的姓氏命名的。罗蒙诺索夫是俄罗斯历史上最伟大的"百科全书式"的人物之一，被誉为俄国"科学史上的彼得大帝"。

罗蒙诺索夫出生于一个渔民家庭，家乡是俄罗斯北部一个名为杰尼索夫卡的小村。10岁时，他开始跟着父亲出海捕鱼，大自然处

▲ 莫斯科大学

处都使他感到新鲜神奇。
"海水为什么涨潮？""晚上
海面为什么会发光？""北
极光是怎么一回事？"……
罗蒙诺索夫有着强烈的求
知欲，总是问父亲各式各
样的问题。

"我要揭开天地间的
一切秘密！"

接下来，罗蒙诺索夫
开始读书，即便常常要忍
饥挨饿，也要学习知识。
他先是冒充教会执事的儿
子，进入斯拉夫–希腊–拉
丁语学院学习拉丁文，后
凭借优异的成绩被派到彼

▲ 罗蒙诺索夫雕像

得堡国家科学院附属大学深造，再后来又到马尔堡大学学习物理学
和化学等。就这样，罗蒙诺索夫涉猎了物理、化学、哲学、文学等
多个领域。

1765年，罗蒙诺索夫逝世，享年54岁。生命虽然短暂，但他在
许多领域创造了辉煌成就，如发现和创立质量、能量不灭定律，创
立原子–分子物质结构学说，热的动力学说，气体分子运动论等，被
称为18世纪俄罗斯杰出的学者、俄罗斯科学的"始祖"、俄国唯物主
义哲学的奠基者。

小说里的哲学思想

1845年4月的某个清晨，文学批评家别林斯基家突然响起一阵急促的敲门声。"这么早，谁在敲门？"别林斯基急忙去开门，门口站着著名诗人涅克拉索夫，只见他手里捧着一大沓书稿，一脸的兴奋："新的果戈理出现了！"果戈理是俄国现实主义文学的奠基人，开创了俄国文学的新时期。

别林斯基不以为然："果戈理可不是蘑菇，不会一茬茬地长出来。"

"等您看完这些书稿就会相信我的话。"涅克拉索夫把书稿递给别林斯基。

"是吗？那我先看看，下午您再来。"别林斯基半信半疑地接过书稿。

当天下午一见涅克拉索夫进门，别林斯基就激动地握住了他的手："新的果戈理真的出现了，您是对的，但是书稿没有署名，请告诉我他的名字。"

"费道尔·米哈伊洛维奇·陀思妥耶夫斯基。"涅克拉索夫说出一个名字。

"我迫不及待地想要见他，您能不能帮我？"别林斯基恳求道。

涅克拉索夫微笑着说："此刻，他就站在您家门外。"

"既然已经来了，他为什么不进来？"别林斯基有些不解。

"这是他的第一部作品，他既担心又害怕，不确定您是否认可。"涅克拉索夫解释道。

"刚开始文学创作时，难免会自我怀疑，您和我当初不也是如此？快请他进来。"

不一会儿，涅克拉索夫领着一个年轻人走了进来，他看上去苍白瘦弱，拘谨而羞怯。

"请坐，米哈伊洛维奇先生。"别林斯基立刻热情地迎上去，"十分高兴认识您。我花了整整一上午的时间研究

▲ 陀思妥耶夫斯基

您的小说，不瞒您说，我已经被深深地打动了。您是一位在文学方面很有天赋的艺术家，而且已经掌握了文学真理。如果您能继续努力创作，我相信您一定会成为一名伟大的作家。"

听到别林斯基这番情真意切的话语，陀思妥耶夫斯基感觉就像在做梦一样。拜别别林斯基和涅克拉索夫之后，他伫立在彼得堡街头心潮澎湃，久久难以释怀，新的生活开始了。

1845年，24岁的陀思妥耶夫斯基凭借书信体中篇小说《穷人》，成为俄罗斯文学界的新星。之后，《女房东》《白夜》《罪与罚》《被侮辱与被损害的》等作品的出版，使他成为俄罗斯文学批评界的焦点人物。

由于陀思妥耶夫斯基的小说主要表现的是人的自我意识，又带

有后期的宗教与哲学探讨，内容有些枯燥晦涩，同时代的文学界人士还没有完全理解到这个深度，所以他生前并没有获得大众的认可。1881年，陀思妥耶夫斯基去世，哲学家们针对他的著作和思想展开评论，他的哲学思想才开始引起人们的关注。

其中，同时期的俄罗斯哲学家弗·索洛维约夫起到了最大的作用。他特别关注陀思妥耶夫斯基的宗教哲学思想，曾在陀思妥耶夫斯基墓前发表了热情洋溢的讲话，又于1881年至1883年连续写出三篇纪念陀思妥耶夫斯基的讲话。那个时候，从哲学角度研究陀思妥耶夫斯基成为一种潮流。

19世纪末，俄国哲学界是唯物主义、社会主义、实证主义盛行的时代，很多哲学家都是以车尔尼雪夫斯基为代表的学派，但是在接触过陀思妥耶夫斯基哲学之后，他们中的许多人纷纷转到当时的对立面——基督教信仰，有人甚至直接在东正教就职，宗教哲学成为俄国哲学界的主流之一。

美是生活

"美是生活"，这是一个唯物主义的著名命题，是俄国革命家、哲学家、作家和批评家车尔尼雪夫斯基所提出的现实主义美学观。

1828年7月，车尔尼雪夫斯基出生于萨拉托夫一个神父家庭，由于家庭条件不错，他自幼便受到了良好的教育，与文学和哲学结缘，并成长为一个先进的无神论者。1853年，车尔尼雪夫斯基参加进步刊物《祖国纪事》和《现代人》的编辑工作。1855年，发表著名学位论文《艺术对现实的审美关系》，批判了黑格尔"美是理念"的唯心主义美学，提出"美是生活"的唯物主义哲学观点。

在艺术哲学领域内，黑格尔"美是理念"的命题，指出美是理念的感性显现，是人的感官、感觉、直觉、想象力的创造。如果说自然美是理念发展到自然阶段的产物，那么艺术美就是理念发展到精神阶段的产物。换言之，黑格尔认为艺术是理念与感性形象相互融合，这种美是高于自然美的。19世纪50年代至60年代初，俄国的哲学家们都在很大程度上受到了黑格尔美学理论的影响。

车尔尼雪夫斯基却不认同这一理论，他认为美不是主观自生的，生活才是美的本质，艺术没有其他内容，目的和本质都在于再现生活。他坚持现实生活高于艺术，认为只有"应当如此的生活"才是美的。车尔尼雪夫斯基以唯物主义观点解决了美学的基本问题——艺术与现实的关系问题，他还将美学当作批判唯心主义、捍卫唯物主义的"第一战场",成为一名杰出的美学家和文艺评论家。

对黑格尔美学理论的批判,也是车尔尼雪夫斯基对沙皇俄国进行革命改造的一个重要"武器",他宣传唯物主义,揭露反动势力,推动了俄国革命民主主义思想发展。

车尔尼雪夫斯基的思想博大精深,涉猎广泛。他赞扬人类依靠自身的智慧和劳动创造出比人类出现之前更美好、更繁荣、更进步的世界,同时也指出人类只关注自身利益的满足,而忽视了自然的存在及价值。地球原本拥有宽广的森林、美丽的草原和富饶的牧场,都因为人类无限度地攫取和占有不复存在,而且出现了生态环境恶化、水土流失、杂草丛生等现象。

人类必须学会尊重自然的原始美,以人的辛勤劳动和智慧赋予自然新的高级美,这是这位先哲对世人的警示。

在阶级社会中,不同的人对美的认识是有差异的,不同的阶级拥有不同的审美观,比如贵族和平民的美学观点会存在巨大差别。车尔尼雪夫斯基的这一观点正如鲁迅所说,《红楼梦》中贾府里的焦大是不会爱上林黛玉的。因为以焦大的认知不可能理解林黛玉的精神世界,这就是存在决定意识。

在"美是生活"这一美学理念中,车尔尼雪夫斯基将美学研究与实际生活结合在一起,认为文学艺术应当真实地、全面地、深刻地反映现实生活,这弥补了美学理论上的空白。

车尔尼雪夫斯基指出,在普通人看来,吃得饱、穿得暖、住得好、睡得安、外出平安就是美好的生活。但对于农民阶层而言,美好的生活还应该包括劳动,不包括劳动的生活不仅是不可能的,还会给人增添许多烦闷。农民要辛勤地劳动,以创造富足的生活,但劳动又不令人精疲力竭,这种生活才是美的。劳动锻炼有益身体健康，还可以保持身材，如果不劳动不锻炼的话，弱不禁风的乡下人会被人认为患有疾病或者是生活穷窘迫所致。五大三粗的乡下人不仅丑陋，也是一种病态表现。保持精力旺盛和健康匀称的体格，这是生活富裕而又经常适度劳动的结果，才是农民美的体现。对于上流社会而言，出自名门望族的大家闺秀既不能手足纤细，也不能粗手粗脚，而应该保持红润的脸色和饱满的精神，这样的女人才是富有魅力的，才具有美的价值。

艺术的目的不仅在于"再现生活"，而且还要成为"人的生活的教科书"，车尔尼雪夫斯基将这一理念当作自己的重要使命。

列宁主义

19世纪70年代，俄国无产阶级队伍不断壮大，以独立的政治力量登上历史舞台。

19世纪80年代，普列汉诺夫、列宁等无产阶级代表开始在俄国传播马克思主义，促成了俄国第一批马克思主义小组的诞生。

20世纪初，列宁和一些无产阶级战士经过一番坚持不懈的努力，创建俄国无产阶级政党，即彼得堡工人阶级解放斗争协会。

1895年12月，列宁被沙皇政府逮捕，后被流放到东西伯利亚地区。列宁流放期间，来自彼得堡、莫斯科等地的俄国社会主义组织的九名代表，在明斯克秘密召开俄国社会民主工党第一次代表大会，成立协调小组"工人委员会"，宣告社会民主工党的成立，但这次大会没有制定党纲党章。

西伯利亚的流放结束后，列宁辗转各地从事反政府的职业政治活动，以"列宁"作为正式名发表多篇文章。1903年，列宁参加俄国社会民主工党第二次代表大会，在会上坚持让大会把实现无产阶级专政写入党的纲领，这是当时第二国际各政党中的先例，也是俄国无产阶级政党建立的标志。

大会选举在讨论党纲草案时，因为思想主张不同产生分歧，各执一词。马尔托尔认为，一切愿意入党的人都可以接纳为党员，不需要高度集中化和组织化。列宁则认为革命政党务必严格遵守纪律，接受党的监督和领导。拥护马尔托夫的只有少数人，被称为孟什维克，即少数派。拥护列宁的一派占了多数，被称为布尔什维克，即多数派。从此，俄国社会民主工党出现了两个对立派别。

布尔什维主义的出现，标志着列宁主义的诞生。列宁主义是对马克思主义的继承和发展，被称为"帝国主义时代的马克思主义"。

▲科斯特罗马中心的列宁纪念碑与雕像